LEARNING TO BE A FATHER

亲子庄园

蓝松涛 著

南方日报出版社
NANFANG DAILY PRESS
中国·广州

图书在版编目（CIP）数据

亲子庄园 / 蓝松涛著. -- 广州 : 南方日报出版社，2024.11.（2025.10重印）-- ISBN 978-7-5491-2930-0

Ⅰ. G78

中国国家版本馆 CIP 数据核字第 2024PS0691 号

QINZI ZHUANGYUAN

亲子庄园

作　　者：蓝松涛
出版发行：南方日报出版社
地　　址：广州市广州大道中 289 号
出 版 人：周山丹
出版统筹：刘志一
责任编辑：陈　宇
装帧设计：肖晓文
责任校对：阮昌汉
责任技编：王　兰
经　　销：全国新华书店
印　　刷：广州市新怡印务股份有限公司
成品尺寸：142mm×210mm
印　　张：7
字　　数：145 千字
版　　次：2024 年 11 月第 1 版
印　　次：2025年 10月第 2次印刷
定　　价：48.00 元

投稿热线：（020）87360640　　读者热线：（020）87363865

序

跨越思维樊篱，构筑亲子心灵港湾

范以锦

追溯至三十载前，蓝松涛先生的文字便流淌于我心间。彼时，他为梅州市大埔县委的新闻干事，我在《南方日报》任上，因工作之缘结成紧密关系。更添一抹温情的是，同乡的纽带让我们对大埔故土的报道共鸣尤深，他的许多新闻作品已烙印在我的记忆中。然而，结集到《亲子庄园》一书中的作品非新闻类别，在报刊上发表时我鲜有关注。拿到《亲子庄园》书稿，浏览他的这些陌生作品无疑给了我意外的惊喜，真想不到他经营非新闻的“副业”也如此出色。其跨越思维樊篱，踏入一片充满意境与哲思的“亲子庄园”构筑心灵港湾的举动，更是激发了我为这部力作挥毫作序的热情，愿与他共同见证这份关于爱与成长的美好蓝图。

《亲子庄园》不仅是一部作品的结集，更是作者匠心独运、情感细腻的展现。从整体框架设置到谋篇布局，都精雕细琢，凝聚着匠人的心血与智慧。四大篇章，分别为“春之歌——学做父亲”“夏之曲——常常去倾听”“秋之色——有时去帮助”“冬之韵——总是去鼓励”。把其拆分再组合就是

“春夏秋冬，歌曲色韵……常常去倾听……有时去帮助……总是去鼓励”。每一篇章都仿佛是一扇缓缓开启的窗，透过它，让人不由自主地沉醉在《亲子庄园》那充满爱与温暖的景致之中，心灵得到了温柔的抚慰。继而，在“亲子庄园”框架下的《不出事才是真本事》《童言无忌最是真》《不说话也美好》《爱是相信，并非控制》《网瘾可能并非“坏”》《做家长的你，会要求孩子“不许哭”吗？》《孩子考砸时，方显家长本色》《孩子说谎，可能家长也有一份功劳？》等篇章的小标题也发人深省，不仅仅对习以为常的谬误进行了挑战，更是传递了新的思维和哲理，让人在品味之余，回味无穷。更难能可贵的是，收入本书的大多作品也逻辑严密，寓意深远，哲理丰富，且韵味悠长，能激发读者的联想和共鸣。

“春之歌——学做父亲”中的《学做父亲》一文谈道：“学做父亲的收获只有两点：小时候，好好玩；长大了，好好说。因为，小时候，陪伴小孩好好玩，趣味相投，才能沟通；因为，长大了，陪伴小孩好好说，好言好语，才可沟通。学做父亲，肯定是要学到老、做到老的。我陪伴孩子长大，孩子陪伴我变老。祈愿明天后天仍能与孩子好好玩、好好说……”这段话通过简洁的“好好玩”与“好好说”两个核心概念，清晰地勾勒出父亲角色在不同成长阶段应有的行为重点及背后的沟通逻辑。

“夏之曲——常常去倾听”中的《爱是相信，并非控制》一文谈道：“站在行为心理学的视角看，对于家长而言，做

‘园丁父母’与做‘木匠父母’，没有对错，只有因果。但有一点却是确凿无疑的，相信孩子亦如‘情人眼里出西施’一样，不是看见才会相信，而是相信才能看见。做家长，选择相信孩子，必定选择做‘园丁父母’，也会选择顺其自然、顺势而为。”爱孩子应基于信任而非试图掌控的观点，寓意深远。将爱子之情比作“情人眼里出西施”，强调信念先于所见，寓意着家长应先有信任之心，方能发现孩子的美好与潜力，进而顺应自然规律，以更加宽容和支持的态度陪伴孩子成长。

“秋之色——有时去帮助”中的《陪伴无价》一文谈道：“现实生活中……唯有陪伴（玩耍）才显亲密，唯有陪伴才能了解与理解，唯有陪伴才有共情与和解。活着的意义在于陪伴。缘于，舍得陪伴，陪伴无价。”这番话蕴含深刻的哲理：陪伴是建立与加深人际关系的基石，无论是家庭成员还是朋友间，唯有通过陪伴才能真正相互了解、理解和共情，最终达到和解与和谐。在亲子关系中应舍得付出陪伴，是因为陪伴本身是无价的，它超越了物质和言语，是心灵深处最真挚的交流和情感联结。

“冬之韵——总是去鼓励”中的《孩子说谎，可能家长也有一份功劳？》一文谈道：“都说，家长是孩子人生的第一任老师。循此视角，要想让孩子不说谎，有个前提条件不可或缺，就是家长的……”这是对家长与孩子之间微妙关系的微妙揭示，让人领悟到了反思的韵味。家长作为孩子人生的启蒙者，其行为与态度对孩子是否说谎有着不可忽视的影响。它暗示了家长自身的榜样作用至关重要。要想培养孩子诚实正直的品质，家长自身必须首先做到言行一致，以身作则。

《亲子庄园》各篇章贯穿的一条主线，就是通过案例和运用行为心理学的视角去探讨亲子关系，分析孩子中的社会问题。松涛之所以会介入这一领域的研究，并写出了感人的篇章，既有偶然性，也有必然性。偶然性，源于一次活动的心灵触动——20年前他参与了全市开通的心理热线电话服务，在接线员义工岗位上听到孩子们悲悯的倾诉。接着又了解到了一些因焦虑、抑郁带来悲剧的事件，同时也见证了治愈焦虑症、抑郁症患者的成功案例，由此产生了研究这一问题的灵感。从必然性来看，是其学习、工作与生活的深厚积淀。1985年，他中师毕业后，曾在初级中学任语文老师，打下了比较扎实的文字表达基础。1990年到1993年任大埔县委新闻干事、1993年到1999年任中山市委新闻秘书，无论新闻干事还是新闻秘书岗位，他都把大量时间花在基层采访上，并向媒体发稿，尤其与主流媒体打交道更多。在这期间，他曾在《人民日报》《经济日报》《南方日报》《羊城晚报》和香港《文汇报》等报刊上发表新闻作品和文学作品数千篇，有数十篇作品获得中国新闻奖和省、市级新闻奖，1998年还获得南方日报“全省模范新闻秘书”荣誉称号。从事新闻工作，培养了他的新闻敏感和快速反应能力，也使他的笔锋越来越流畅。1999年底开始，他又先后担任中山市委办公室信息科科长、办公室副主任、政策研究室副主任，这强化了他的问题意识。他常常带着问题调研，为领导机关做决策提供参考。后来，他还先后担任了镇党委副书记、市人大常委会办公室副主任。每一次身份的转变都是对他能力的锤炼与升华。他能成为东莞市心理咨询师协会会员，也说明他对孩子们的心理问题是有研究的。坐着探讨亲子关系这一叶扁舟遨游书海，他还专门修读了行为心理学。正是丰富的经历及勤于读书、善于观察与思考的秉性，使松涛写出了一篇又一篇能触及孩子和家长心灵的作品。

孩子的心理问题，已成为不容忽视的社会现象。这在《中国国民心理健康发展报告》的连续发布中得到了鲜明印证。然而，面对这一现状，社会上往往存在一种误区，简单地将责任归咎于孩子本身，而忽视了家长角色及家庭环境对孩子心理健康的影响。家庭是社会的细胞，完全可以这样说，有亲子关系良好的正常家庭，才会有和谐温暖的正常社会。本书正是基于这一洞察，不仅关注了孩子的心理健康，更深刻地揭示了家长在亲子关系中的重要作用。各篇章巧妙运用真实案例作为探索的航船，以行为心理学为导航之帆，深入探索亲子关系的微妙变化与复杂挑战，触达社会关注的焦点，直击社会痛点，对家长们正视和改变原有的固化的教子方式，将家庭构建成真正的“亲子庄园”很有启迪作用。期待全社会都来关注和共同营造一个充满爱与理解的“亲子心灵港湾”，与孩子携手成长，共创美好未来。

（作者为南方日报社前社长，暨南大学新闻与传播学院前院长）

亲　子　庄　园

目录

第一章　春之歌　※　学做父亲

第二章　夏之曲　※　常常去倾听

第三章 秋之色 ※ 有时去帮助

第四章 冬之韵 ※ 总是去鼓励

※ 好雨知时节，当春乃发生。父母作为孩子人生中的第一任老师，养儿育女的第一课，应是陪伴，应是玩耍，此亦所谓寓教于乐也。

※ 学做父母，孩子小时候好好玩，孩子长大了好好说，表面看似是陪伴，是沟通，其实是让孩子自幼感受到父母那春天般的温暖。

第 一 章

春之歌

学做父亲

学做父亲

题记：小时候，好好玩；长大了，好好说。

有心理学老师说过，做父母不用考试，但需要学习。

新近与正在大学读书的女儿闲聊，突发奇想，问了一个直通肺腑的问题：若以100分为满分计算，作为女儿，她会给父亲打多少分呢？

略加思考，女儿说可以给80分，并具体阐述了三条扣分的项目与内容。

都说女儿是父亲的前世情人，听到答案，自忖孩子还是很给父亲面子的。扪心自问，为人父亲，学做父亲，自评是勉强及格，最多也就60分罢了。

我们（20世纪六七十年代）这一辈，出于众所周知的缘由，大多数一辈子都只有一次做父亲（母亲）的机会（当然仍在大干快上的除外）。

即便是这唯一的机会，可能大多也是在没有太多准备、学习的情况下，就糊里糊涂地勉为人父（母）了。

张爱玲在《半生缘》里说：人到中年的男人，时常会觉得孤独，因为他一睁开眼睛，周围都是要依靠他的人，却没有他可以依靠的人。

往往孩子成长的黄金季节，恰恰正是父亲人到中年时。猜想或许因之，有了“父爱如山”之说。

如山的父爱，除去山一样的默默守护，少不了也有山一样的威严冷峻。

当年女儿出世之后，我学做父亲，脑海里面最早浮现的念头，是父亲养育我们兄弟仨，几十年来积攒形成的父爱之意识、习惯——“严”。

当时读书也读到三国时期司马懿说的：“慈母败儿，慈父更败儿。”

于是乎，从女儿咿呀说话、懵懂学步伊始，我学做父亲，都是“严”字当头。

那时候还有个冠冕堂皇的言辞，说是独生子女，家里的长辈之中，始终还要有个能够让其感到害怕的“恶人”，这样才可能避免孩子无所顾忌、任性成瘾。

而这个“恶人”，非做父亲的莫属。

尽管意识中是想做个“严父”，但孩子贪玩，做父亲的也好玩，父女俩自然也就玩到一块儿去了。

比如说，孩子自幼就喜欢戏水，天气一热，我经常要陪同她去游泳场。略通水性之后，孩童时期每一次游水，她都要父亲沉入水中，喜欢双脚踩在父亲的背上，好似踩着水上滑板一样在泳池里面游荡。

还有，孩子在读小学之前，每当陪她出去逛街或外出旅行，最喜欢的就是“骑角马”，高高地骑坐在父亲的脖子上，东张西望，煞是威风。

而今回眸，笔者自认做得还算好，在孩子童年、少年时期，节假日陪玩耍这门功课，尽管远算不上良好，幸好也没有落下空白与遗憾，有去登过山，也有去看过海等记忆。

但是，玩耍归玩耍，在童年模仿认知的关键时节，孩子一旦出现踩踏红线的过错，挨揍肯定是没得商量的。

记忆之中，孩子在整个儿童、少年时期挨了狠揍的，也只有一次，那是刚刚上学的时候，她私自掏拿钱包的事。

每个孩子，都会喜欢零食、中意玩具的，当年做个“严父”的想法、做法是，即使独生子女也不可随心所欲，要控制欲望、限制购买。

有一晚，孩子看到父亲放在书柜台上的钱包，就趁机悄悄拿了一张纸币，第二天上学路上去买了自己垂涎的零食和玩具。当天放学回来，我发觉孩子书包里面多了些新玩具，追问来源，孩子却躲躲闪闪、吞吞吐吐。

事情缘由吐露出来之后，无论家里长辈如何劝阻，我还是找了一根大戒尺，狠狠地抽打掌心，让孩子痛哭流涕，知道做错事的切肤之痛，留下难忘记忆。

没有要为自己打骂孩子进行辩护的意思，但学做父亲，边学边做，当时也是顽固地坚持。在小学六年级之前，孩子凡有不可容忍的过错，必须即刻给予惩罚，也好印证乡下话说的“不打不骂不成才”。其实，我当年也有告诫自己，胡萝卜加棍棒的教育方式，只可加紧在孩子小学毕业之前实施，此后免谈、妄想。

可能是过往听多了独生子女青春期的叛逆故事，孩子小学毕业进了中学大门之后，我几乎不再正面询问孩子的学习成绩，转而更为关注的是孩子的身心健康，只是每年清晰地告诉孩子，一辈子有好多事情离开学校还可以去做，当下可以这样无忧无虑在校学习的时光却是一去不复返的。

可能是自己小时候看香港电影《可怜天下父母心》的感触太多、烙印太深了，这些年与孩子沟通，常常有许多想对孩子说的话，也尽可能通过陪伴孩子去观看电影，借助电影故事情节旁敲侧击，期望触类旁通。也因为，当下孩子对父母的说教，好像天生就有一种免疫能力，学做父亲，希望借此能够找到与孩子好好说话的机会。

相信父女俩都印象深刻的，在小学阶段，是新加坡电影《小孩不笨》，让孩子观看后明白有志者事竟成的道理；在初中阶段，是好莱坞电影《飓风营救》，让孩子观影后记得出门在外安全第一的道理。孩子说，这两部影片，后来自己都上网再认真看了一遍。

都说谈恋爱是当下大学生的必修课。高中毕业上大学前夕，我推荐她在正式谈恋爱之前，能够抽时间去看三部电影：《失恋33天》《爱情维修站》和好莱坞电影《爱情婚礼婚姻》。因为，戏如人生，人生如戏，三部电影故事涉及的恋爱、婚姻等情节，相信孩子观看之后可以悟出些许经验与教训，是值得一辈子借鉴学习的。

有道是，经历就是资历。如今孩子上了大学，要说做父亲的能够留给孩子未来成长路上值得珍惜的财富，可能只有：凡事要坚持。

孩子中学期间，曾有过坚持到最后一刻的宝贵经历。

第一年暑假报名参加美国游学，前往美国领事馆签证面谈时，因为有个团友的资料作假，全团被拒签。一般情况下，拒签之后三年内是难以获得签证的。但第二年我仍与孩子再去尝试，果然不出所料，那次暑期游学全团仅孩子一人没有得到签证，幸好签证官未当场退回护照，仍留下一丝曙光。

后来的十多天时间，我几次电邮致函美国领事馆，亦是没有任何答复。

游学团赴美的班机当天傍晚就要出发了，上午仍是没有丝毫消息，孩子心急火燎，眼泪掉下，一副就要放弃的样子。

当时我一边加紧与组团机构保持沟通，请他们派员在广州的美国领事馆窗口等候；一边冷静地告诉孩子，必须准备好所有行李随时出发，不到最后一分钟，决不能放弃，也要相信奇迹。

当天我自己也推却了其他事务，一直守候在办公室的固定电话机前。下午2点钟刚过，电话铃声响起，是美国领事馆来电，告知同意发给签证了，让即刻派人去取。我随即通知等候的人员取证后直接送往机场，同时致电预约的司机，接上孩子驱车飞奔，恰好在登机前一刻赶到了机场。

经历此事以后，我与孩子聊天时常常都会说到，凡事没到最后一刻，自己决不能放弃，一定要坚持，一定要相信奇迹。

不知是电影看得多，还是孩子自己读书多，独生子女青春期的叛逆故事在孩子身上一直未有多见，除了小时候挨过一次打，再也没有触犯红线、超越底线的过错发生。我基本上还是任其自由发展的，比如高考选择专业、选择大学，包括未来选择职业、选择伴侣，都希望孩子能够选择自己喜欢的，真的感到开心就好。

父亲节又快到了，若是来个自我小结，这些年学做父亲的收获只有两点：

——小时候，好好玩；

——长大了，好好说。

因为，孩子小时候，陪她好好玩，趣味相投，才能沟通；

因为，孩子长大了，陪她好好说，好言好语，才可沟通。

学做父亲，肯定是要学到老、做到老的。

我陪伴孩子长大，孩子陪伴我变老。

祈愿明天、后天仍能与孩子好好玩、好好说……

吾家有女初长成

题记：天下父母心，喜忧都一样。

天下父母心，喜忧都一样。

提到亲子关系，行为心理学学者常会先问三个“是什么”：

家长最希望小孩未来长成的样子是什么？

家长最烦恼小孩日常的是什么？

家长最赞赏小孩日常的是什么？

2019年5月30日是女儿学士长袍加身的好日子，大学校园里满是鲜花与笑声。

我原本计划与孩子面聊一下，看到当时如此热闹的场景，想想还是笔墨较口舌好说。

亲人只有一次的缘分，或如香港电台一知名主持人所言“下辈子，无论爱与不爱，都不会再见”。

祈愿当下我所赠的三句话，能够带给孩子跋涉前行的信心和勇气，帮助孩子找到生活的自由和乐趣。

吾家有女初长成，云想衣裳花想容。实际上，所有孩子18岁以后，都要做出一生中最重要的两个决定，这两个决定将深深改变孩子的一生，影响孩子的自立、幸福和健康。

第一，未来如何谋生？

第二，未来选择一个什么样的人生伴侣？

进了中学大门以后，做父亲的能够帮孩子的，是尽力引导孩子去思考：

喜欢干什么？想要干什么？能够干什么？

高考选择大学、报读专业，都是你喜欢的；而今读研深造，选择大学转修专业，也是你喜欢的。做父亲的当下能够给孩子的最好帮助，就是让你自由自在地展翅飞翔。

因为，行为心理学揭示，凡是自己喜欢的事情，做起来必定不知疲倦，天天其乐无穷。合适，才是最好的。学业职业如此，情侣、伴侣亦如此。

此为赠言之一。

“当你长大时，你会发现你有两只手，一只用来帮助自己，一只用来帮助别人。”这话是影星奥黛丽·赫本说的，道理却是世人通用的。

青少年时期的脸蛋是父母给的，长大成年以后的脸面却靠自己修行而来。所以说，成年以后要对自己的容貌负责任。而慈悲心也是一个特别重要的因素。比较有爱心的人，往往会从内而外散发出一种过人的光华，让人越看越顺眼，越来越喜欢与其接触。

自古以来都有“相由心生，境随心转”一说，请相信因果，帮人就是帮己。

此为赠言之二。

读书是为了遇见更好的自己。读书多了，容颜自然改变。

记得杨绛先生说过，年轻人的问题主要在于，读书不多而想得太多。用乡下话说就是：不怕不懂，就怕不学。读书是一辈子的事情，文凭仅仅是一张纸，伴随一生的学习能力更重要。

希望你能够坚持读书，要读纸书，多读史书。因为，历史总是惊人地相似。读点史书，可以让自己清醒做事，“糊涂做人”，尤其是能在人生岔道口做出适合自己的平安选择。

人的一生可以干很多蠢事，但最蠢的两件事是：拒绝读书而忽视灵魂，拒绝运动而忽视健康。

此为赠言之三。

莫负青春好时光，惜取少年当狂时。而今大学毕业，或深造或就业，做父亲的能够留给你未来人生路上最值得珍惜的财富，只有两个字：坚持。

坚持读书，坚持思考，坚持助人……

做父亲的，不信来生也不说来生，只珍惜今生的遇见与相聚，顺其自然，顺势而为。

行为心理学老师说过，做父母有四个层次：肯为孩子花钱，肯为孩子花时间，肯为孩子学习，肯为孩子改变。

此身、此时、此地，我仍在学做父亲，仍在努力改变。只是期望孩子能够做自己，做自信温柔的自己，做笑口常开的自己，一辈子健康、平安、开心到永远！

相信人是有灵魂的，相信爷爷奶奶的在天之灵，此刻也在悄悄为你高兴，为你祝福。

给孩子硕士毕业的两字贺礼：志趣

题记：爱好往往是一时的兴趣，
志趣才有可能成就一生的乐趣。

2019年，女儿学士长袍加身的时候，送上的毕业贺礼是两个字：坚持。期望她未来漫漫人生路上，凡事要坚持。

眨眼间2020年又过去了，女儿正在实习，即将完成硕士学业，面临就业的选择。一辈子学做父亲，我除了相信与支持孩子的选择，依惯例也要准备一份毕业贺礼，仍是两个字：志趣。

因为，爱好往往是一时的兴趣，志趣才有可能成就一生的乐趣。还有，人生只有一辈子，读书与工作，其实是一回事，也不是一回事。

说是一回事，因为都是事关个人一辈子开心成长的大事，如龙应台在《目送》中所写的那样："有些事，只能一个人做。有些关，只能一个人过。有些路啊，只能一个人走。"

说不是一回事，因为具体在很多时候，读书可能只是个人的兴趣与爱好，工作却是要解决一辈子立身立业的志趣问题。

关于本科生、硕士研究生与博士研究生学识的区别，曾经聆听美国的心理学学者如是阐述：“三者深浅在于：本科生是知道，硕士生要发现，博士生会创造。”

如今硕士研究生学业快完成了，女儿顺理成章也要学会发现，学会发现自己，学会发掘志趣。

当下走进社会大学就业，一种情况是工作找你，另一种情况是你找工作，前提条件也是不言自明的。

在自己还没有足够实力让工作找你的时候，就业选择可能很难心想事成，也难如愿做到爱一行干一行。

都说身教胜于言传，学做父亲，过往职场将错就错的点滴经历，但愿女儿且作镜鉴。

那年那月，我刚毕业步出师范学校大门，就遇上老天爷开的玩笑。

那些年受“学好数理化，走遍全天下”口号与数学家陈景润传奇故事的引导，我年少读书时就崇拜数学、迷恋数学，师范报读的也是数学专业。但毕业前往学校报到上班，校长却说：“学校数学老师一大把，语文老师没几个，听说你作文写得好，还得过奖，那就你来上语文课吧。”

那天，尽管我心中有一万个不情愿，但既找不到外援帮忙代言，也说不出拒绝的理由，只有服从安排的份，即便“不务正业”，学非所用也好，用非所学也罢，唯一出路便是努力学、尽力干。

正式开学走上讲台之前，我忖思：要给学生一杯水，自己怎么也要先有半桶水吧。这样一来，找前辈讨教是个好方法，自己用蛮功夫去啃课本也是个土办法。

那时我暗暗叮嘱自己：自己其实就是个学生，要借助学生的视角来反复诵读课文，想方设法去答疑解惑，顺势而为地选择讲授方式，从中寻找灵感、寻觅乐趣。

或是当年备课、默读、诵读越来越多了，有时讲课不用看书本，课文内容亦可口诵而出，慢慢却也“熟读唐诗三百首，不会作诗也会吟”似的，让自己不知不觉也掉进文字的汪洋大海中去了。

后来，缘于每学期班主任要对学生逐一家访的规定动作，我有机会认识各行各业的学生家长，也顺带倾听了甜酸苦辣的世间故事，渐渐也习惯记一记人物、写一写事情。

有次家访偶然得知一位学生家长退休后老骥伏枥的动人故事，连夜记录下来向广播电台投稿，没想到获得了广播征文头等奖。

再后来，如此这般坚持下来，也没想到赶鸭子上架的这一错，进而一错再错，自此一辈子都是“不务正业”，职业生涯从未与数学沾过边，文字工作却像“吸鸦片”一样上了瘾。

到如今，即便告别了职场，仍是习惯写写看到的、听到的，记记想到的、做过的……漫无目的也漫无边际地写一写，只是好玩只是上瘾，实际上不亚于一辈子精神上的探险寻宝过程，也恍如找到一座人生金矿。

人生可以爱一行干一行，当然是美好的梦想；但现实生活中，老天爷还是喜欢开玩笑磨炼人的，不如意之事十有八九。

回首当年，读数学专业却要做语文老师，开始时无疑实属无奈，不是兴趣，也难有乐趣；但当不断坚持下去，做到干一行爱一行，慢慢在读书与写作中发现自得其乐的兴趣，寻找得到的乐趣又磨炼形成一种志趣。

正是有了这一志趣，数十年来，不管走到哪里、待在哪里，都甘为文字奴，还借助文字与自己好好说说话，成就了乐此不疲、乐在其中的写意历程。

一辈子，能够有一样志趣，可以让自己坚持、坚持再坚持，专心致志做好一件事，即使无法做到极致，也能不断做得更好。

一辈子，能够有一样志趣，可以让自己乐活、乐活再乐活，热闹也好，寂寞也罢，由志趣衍生出乐趣，也可由此看花开花落、望云卷云舒。

硕士研究生要会发现，我相信女儿的职场选择，也坚信女儿的志趣发掘。

因为，用心坚持，养成志趣，未来既可带给自己跋涉前行的信心和勇气，也能帮助自己找到生活的自由和乐趣。志趣独有神奇的妙方，可以帮你迎风破浪，孤独时可以做伴，寂寞时可以倾谈，白天给人以温暖，黑夜给人以光明。

硕士研究生要会发现，相信女儿走出校门步入职场，若能够爱一行干一行固然最好，但也不难发现，不得不干一行爱一行的，也不乏奇迹。

不出事才是真本事

题记：

——做家长肯定期望孩子一辈子行稳致远。

——做家长务必知晓养儿育女的生活小故事。

假期开车外出，刚刚考取小车驾照的孩子时有同行，亦不难遇到这样的情况：

直行路段，同方向左右两侧的小车，强行变道、抢道超车；十字路口，相反方向要拐弯的车辆未让直行的先走，加速抢道左拐；等等。

如是，我们自然要放慢车速，或者要踩踩刹车，避让对方，让对方先行通过。

那个时刻，孩子见到也会发问：刚刚明显是对方不在理，为何我们却要礼让他?

答曰：若是我们不主动避开让行，对方车速又快，很有可能撞车。双方撞上了，即使我们没有责任，对方承担全部责任，但车辆仍是要开去维修的，我们是不是至少也要有几天时间没有车开，不得不走路了？

又答曰：驾驶车辆，若是不懂得主动避让，只要是发生了事故，你再有理也是输家。安全开车，保证不出事，才是真本事。

孩子属于90后，听了即刻脱口而出："照这样说，是不是人生在世，其他事情也都是这样啊?"

再答曰：确实如此。尽管亡羊补牢，未为晚也；但有的时候，"羊"亡了，就再也没有了，再也找不回来了。

实际上，每逢过年回到乡下，四处逛逛，很容易发现写着"平安两字值千金"的春联，这一定是可以看得到的，也一定是最常见的。

童言无忌最是真

题记：童真无邪最珍贵，童言无忌最当忆。

新近聆听亲子个案，有家长叙说孩子是写作困难户：“这学期语文老师私下转来小学四年级孩子的几篇作文，自己每次偷偷阅读时，或是脸上发烫，或是头顶冒汗！”

比方说，孩子的作文《给你气死了》，开头写道：

“你怎么写的作业呀！重写！这样下去没几天就给你气死了。

“我又听到核弹爆炸的声响了，并且恨不得马上把她（意指妈妈）气死，最好就一秒也别等，可她总是没死啊！”

…………

还有，孩子的同类作文《发试卷的那一刻》，开头亦是如此：

“远处晴空万里，而我的头上乌云密布。

“‘叮铃铃’，上课了，老师面带杀气冲了进来：‘你们考得真好啊，才七个满分。下次没十五个满分，别再来见我！’”

“我随便数了一下，我们班数学好的至少有二十个，再加上这套卷子一点不难，那我岂不是肯定没满分了。我不禁出了一身的冷汗，仿佛老师向我伸出了魔爪，妈妈拿好了衣架指着我，我不敢再想下去。”

…………

诸位看官，假若上述小学生作文出自你家孩子之手，不知读者看了，可会与那孩子家长有同样的感受，捧腹大笑或哭笑不得之余，也有怒气，也会冒汗，又恨又怕。

恨的是孩子如此不懂事，既不尊敬老师也不尊重父母。

怕的是孩子如此描写老师的“正面形象”，尽管老师当时没有怪罪的话，家长心里仍是觉得愧疚与忐忑。

其实回望当年，自己也有同样的经历。

那是五年前孩子参加高校自主招生入学面试时的一个惊喜故事。

还记得那是个周日，上午参加完面试，看见孩子走出考室，赶紧迎上前去询问面试的详情。

孩子说，给她面试的是个外籍老师，提问与回答均要求用英文。

面试老师总共问了三个问题——

第一个问题是：昨天何时起床？

孩子回答：高考完后开始放暑假，昨天睡了个懒觉，午后1点钟才起来。

第二个问题是：昨天睡醒起来后，做了些什么？

孩子又回答：下午去跑步运动了一下，晚上与家人一起共进了晚餐。

第三个问题是：你最喜欢的一本书是什么？

孩子的答案是：《西游记》，因为最喜欢唐僧师徒西行取经故事里，每次面对困难，孙悟空都是无所畏惧、有惊无险的内容。

当时听了孩子的讲述，前两个问题的回答立马让我的心悬吊起来，尽管嘴里没说什么，心里却是凉风嗖嗖，不能不忧啊……

但面试过后一周，那所高校学院网站上公布了面试成绩，完全出乎意料的是，孩子这次面试得到的成绩，竟然是满分！

后来与孩子探讨个中缘由，除了英文口语表达能力之外，也因孩子真实地回答了面试老师的问题。

坊间自古都说：童真无邪，童言无忌。实际上，生活中的真、善、美，不也是这样的吗？凡人不也喜欢和期盼源于真情实感的流露与讲述吗？

相信平日父母、长辈教诲，都要求孩子从小要说真话，要诉真情，期望孩子可以真实表达，叙说自己对自然、对社会、对人生的独特感受和真切体验。

但生活中诡异的是，一旦遇到类似上述的作文与面试，大人往往却期望孩子要“童言有忌”，不必把实际情况或心里话说出来。

《增广贤文》的古训“逢人且说三分话”，成为世人推崇的孩子长大成熟与否之标志？甚至互相欺瞒也成了一种智慧、一种修养？

或是如此缘故，早前有东北小学生钟美美模仿老师的视频爆红后，也听说孩子被“约谈”，视频被“下架”。

其实，我也赞同诸多网友的留言，对钟美美模仿秀，不妨一笑而过。因为，童真无邪最珍贵，童言无忌最当忆。

对于孩子随性而发少年狂的天赋表现，当下的家长与老师，无疑，最爱是包容。

“自然是一种状态，就像当你吸气，就会呼气；就像大地有了阳光，就有了影子……”外出逛街时曾经瞧见某商家门前有个广告牌子，如是写道。

回看这些年网上分享的高考满分作文，不约而同地在诉说真情、突出实感，字里行间不乏纯真、不乏率真。

真的，就自然！真的，自然好！

回到本文开头的家长倾诉，迫切想说的是，假若这是自己的孩子，我定会好好地夸奖一番孩子的真情实感与用心观察，定会把孩子的作文好好装裱珍藏起来，留待未来的某年某月某日，再送给孩子当礼物。

孩子写作文，字里行间，重在真情实感，需要真情实感，真的就自然，真的自然好。而我们人生在世，好多时候，某些误会、冲突，又何尝不是需要真情实感去化解？又岂止不是缺乏真情实感？

诸位看官，若遇到上述情况，可会让孩子实话实说？

父亲节再一次品读孩子来信

题记：自己生的孩子，肯定既不可能逃离不管，也无法强凿硬打，剩下的只有改变自己，改变自己的思路与方法。

说来快有十个年头了，每逢父亲节前后，我有一个习惯，会从床头柜里面翻找出早些年孩子的三封来信，再一次细细地读读，再一次慢慢地品味。

第一封是2013年我生日过后几天，孩子来信祝福生日快乐。

孩子说："即使迟了，但是有表示也好过没表示，不是吗？谢谢您对我的悉心教导。谢谢您把我养育长大。谢谢您即使在乡镇上班，大老远也会来学校看我。

"您一直教我心怀感激之情，对事物要有正确的态度，虽然我的为人处世之道仍不成熟，但也因父母的引导，渐渐改变。希望您能工作顺利，笑口常开。"

第二封是2014年我的生日当天，当时正在读高中的孩子又来信祝福。

信中说："谢谢您对我的付出，您为我操的心，我都明白。只不过，我的压力不是怕考不上，是怕考不好。

“听过很多道理，却依然不能昂首阔步地向前。

“我也知道，并非只有读书才能获得成功，但只有读书才能取得更漂亮的胜利。

“我也知道，我的身后总有您的支持，有受伤时能休养的避风港，但安于现状不是我现在想要的，我想周游列国，想体验不同国家的生活，为此我需要一门能随时随地养活自己的技术。

“但，我仍未发现我自己能学哪门技术，因为一直生活在书堆里的我，完全缺乏生存技能，曾经以为自己很独立，谁知，越长大却越依赖家庭。

“……但最重要的是，我希望自己不仅能过自己的生活，也能让你们体验不同的生活，希望自己能在看到很适合您或是妈妈的衣服或是其他东西时，能有毫不犹豫就买下来的能力，希望自己的第一份工资，能买得下所有想感谢的人的礼物。希望自己能不再依靠你们的力量，走出属于我自己的人生。

“还没有经济能力的我，想用这种最传统的方式，表达我对您的谢意，还有我对自己的期望。希望爸爸能一直支持我，给予我及时的心灵上的帮助，助我走得更远，还有请原谅我迟到的祝福。”

第三封写于2016年父亲节。

孩子来信说：“爹地（粤语，意为“父亲”），俗话说得好，身或心总有一个在路上，我更喜欢自己去亲身经历，所以才喜欢旅行，你也是的吧。”

再后来的这些年，随着智能手机与微信的普及，遗憾的是纸质书信越来越罕见，但相信天下为人父母的，都是打心底里期盼孩子的来信，期盼孩子的纸书来信。

因为，纸质来信实实在在，可以诵读，可以触摸，也可以百看不厌，难能可贵的是不仅可以回味还可以时不时提醒自己。

就拿提醒自己来说吧，在收到与细读孩子的纸质来信之前，当年自己总以为，作为父亲对孩子有期望、有目标、有要求，如此这样爱孩子、养育孩子，无疑天经地义也理所当然，自我感觉并无任何不妥之处。

但当细细品读孩子的纸质来信后——

第一感觉是，孩子长大了，不再对父亲言听计从了，会有自己的想法与愿望了。

第二感觉是，原来自己过往某些时候爱孩子的方式方法纯属一厢情愿，总想按照“木匠父亲”的理想模式去打造孩子，大多时候却忘了考虑什么才是孩子最需要的。实际上，常常漠视了孩子内心的志趣、志向，往往忽视了孩子做自己与成长的渴望。

比方说，孩子在信中直截了当叙说未来做自己的期盼：“安于现状不是我现在想要的，我想周游列国，想体验不同国家的生活，为此我需要一门能随时随地养活自己的技术。……希望自己能不再依靠你们的力量，走出属于我自己的人生。”

同时，孩子在信中也表露了传统的孝心：“我希望自己不仅能过自己的生活，也能让你们体验不同的生活”。

都说知子莫若父。知道的前提是了解，了解的渠道是沟通。

当下有一种俯拾皆是的亲子关系问题：孩子对父母紧紧关闭了心扉，凡事都不说，不想说、不愿说、不能说。

往往缘于，孩子觉得说了也没用，甚至说了会更惨，进而衍生出亲子关系的沟通障碍，或是一个不说一个不听，或是一个说了一个没听，或是一个不说一个想听。

天下父母心，都希望孩子很听话。

当年第一次接触心理学时就有老师剖析过：“总希望孩子很听话，实质是父母以伤害孩子的方式去爱孩子。”

因为，过度听话的背后，常常是对权威的恐惧，是对生命力的压制，长大以后即使有能力，却不一定会幸福。

可见，父母爱孩子，首先要避免以伤害孩子的方式去爱孩子。

从读到孩子的第一封来信开始，我就在思考要如何回应孩子的倾诉，怎样呵护孩子的梦想与追求。

自己生的孩子，肯定既不可能逃离不管，也无法强凿硬打，剩下的只有改变自己，改变自己的育儿思路与方式方法，变做“木匠父亲”为“园丁父亲”，从总是要求孩子要怎样变为顺应孩子需求，默默地守望，时时去帮助，让孩子有足够的空间，自由自主地成长起来。

正是每年父亲节品读孩子的三封来信，时时倾听，时时提醒，这些年我才懂得对孩子的相信与尊重。

因此，当年孩子高考想要报考什么院校、哪个专业，孩子考研想要变换哪个专业，做父亲的我才可以做到“不说话也美好”与“最爱是包容”；孩子远赴重洋留学读研，想要毕业后留在国外工作几年，做父亲的我亦明白“爱是相信并非控制”；平日鼓励孩子实话实说，坚信“童言无忌最是真”，让孩子定义自己、追梦幸福、走大路、过好“志趣人生”，但也直言告知孩子，爱好往往是一时的兴趣，志趣才有可能成就一生的乐趣。

事物总是一分为二的。回望这些年孩子成长路上的父女情深，唯物角度相信孩子的自由选择与自主努力，相信孩子的好奇心、好胜心与求知欲；唯心角度则是相信人各有命，父母（对孩子）帮得了一时却帮不了一世，放手让孩子去过自己梦想的生活，去体验自己梦想的经历，放手让孩子去受自己应该受的累，去享自己应该享的福。

依照世俗的观点与标准，孩子可能至今仍算不上成功有为，但相信孩子自己可以感受、可以庆幸的是，在成长路上父母给予了足够的自由选择空间，孩子也在学会自主选择与自主努力，渐渐习惯自立、习惯坚持。

2022年父亲节前，我又提笔重复写了八年前给孩子回信的那几句话：“我对女儿的最大希望是，能够健健康康，快快乐乐地成长；如果二十岁后能够把自己养活，能够每天做自己喜欢的事情，那就叫学有所成了！”

我顺便也再次提醒孩子："请记住，每天做自己喜欢的事情，是有前提条件的，那就是你必须拥有一技之长，可以帮人也有人帮你，这些需要学习、需要积累、需要付出、需要坚持。"

父亲节又快到了，说实话，做梦都想要的礼物，仍是孩子的一纸来信。

不说话也美好

题记：做家长，有时不说话也美好。

伴随着岁月的前行，往往有个现象，就是孩子年龄越大对父母的吐槽越多，几乎都会吐槽的是：家长总是如此唠叨、如此啰唆。看官可有类似感受？

海明威有句名言："人一辈子用两年时间学会说话，却要用一辈子学会闭嘴。"此话用在当下做家长的父母身上，可能也中听且中用，起码从亲子关系良好互动上来看是如此。

双节长假，有家长向心理咨询师反映，假期过半了，孩子仍是若无其事的样子，天天只顾玩耍，学校老师布置的作业还没见孩子怎么认真做过。自己想催问一下，又担心引发孩子逆反，又急却又怕，怎么办好？

在确认孩子没有厌学症状的前提下，心理咨询师给出的建议是：做家长的务必努力管住嘴，不说话。

实际上，过后家长回复心理咨询师的信息也证实，双节长假最后一刻，孩子自己悄悄完成了全部假期作业，返校上课后也没有接到小学老师的投诉。

假日聚会，老友小鹏叙说了2020年疫情突如其来，在澳大利亚留学的孩子这一趟飞回去与飞回来的曲折旅程让他这个做父亲的另有一番感悟：做家长，不说话原来也是有好处的。

2020年初，小鹏的孩子从澳大利亚回国过年，刚到家没几天就遇到发生疫情的非常时期。当时孩子着急要返回学校继续学业，但必须在第三国经过两周时间的自我隔离，才能飞去澳大利亚过关入境。

想到孩子要在第三国中转停留两周时间，小鹏焦急地四处打听，恰巧有个老友前些日子在泰国首都买有一套房子用于度假，平常大多闲置。老友闻讯也乐意把房子借给小鹏的孩子与同学中转居住，还细心描画了机场到房子所在小区的路线图，并约定时间带孩子过去取钥匙。

小鹏欣喜地将自己设想好的安排告知孩子。孩子与同学上网查询，了解到房子在城郊，远离闹市区，断然拒绝了小鹏的安排。随后，孩子们自己通过网络在吉隆坡市中心预订了客房，取道马来西亚转飞澳大利亚。

小鹏说，被孩子拒绝那一刻，自己的内心既焦虑又恼怒，焦虑的是担忧非常时期孩子在第三国两周时间的安全，恼怒的是自己费尽心思的周全安排全泡汤了，却又敢怒而不敢言。

世事大多如此，计划永远没有变化快。费尽周折回到学校，复课未已，澳大利亚也暴发疫情，小鹏孩子学校所在城市也需要市民居家防疫，孩子平日只能待在宿舍里上网课。

当年9月，孩子致电小鹏，说出租房的租约到期，想提早回国，在家上网课。

小鹏说，若按往常的习惯，自己必定会连珠炮似的向孩子发问，比方说，与学校老师沟通好了吗？会不会影响正常学业考试？机票怎么买？航程路线怎样安排？等等。

但这一回，小鹏却暗暗地叮嘱自己，相信孩子，既然孩子做出了选择，无疑也就有了相应安排，自己尽可能要少说话、不说话。同时，因为有了上一回的经验，小鹏这次倾听时只是轻轻地说了一句："好啊，回来吧。"

此后半个多月时间，小鹏说，除了问过孩子回程机票的时间与中转路线，再没说过半句话。

再往后，孩子绕道新西兰，顺利降落在广州白云机场。待孩子在广州集中防疫隔离两周后回到家里，小鹏才从孩子口中了解清楚这次回程的点点滴滴。

实际上，孩子为了这次能够飞回来，先后买了三次机票，前两次的航班购票后都被取消了，第三次购票时，还无法电话直接联系航空公司，反复电邮联系才按航空公司建议的方案购买了机票。学校方面，孩子已经申请并经校方批准同意，在修够规定课程学分的条件下，可以提前半年毕业。

小鹏最后自言自语说，孩子这一趟曲折旅程，其实也给身为家长的自己上了一课。

每一个孩子的成长过程，必然是一个又一个问题或难题接踵而至的过程。对此，除了逾越道德底线与法律红线的事，做家长的，是事无巨细地千叮咛万嘱咐，还是明晰界限给选择、给机会，无疑也是一个不容忽视的育儿课题。

具体到日常生活中，家长可否自己管住嘴，少说话甚至不说话？

做家长的，不说话也美好。

对于孩子来说，这何尝不是一种信任的力量，何尝不是一种自立的希望？

最爱是包容·母爱

题记：纳百溪容万川，永远的无限包容，永远的不离不弃。

为何总说岐江河是中山人的母亲河，为什么就不能称之为中山人的父亲河呢？

早些年，曾有男孩子偶然提出此疑问。

当时我情急之下东拉西扯地说了几点看法，过后却暗暗叫苦，甚为牵强附会而惭愧。

祖国啊母亲、故乡啊母亲、长江啊母亲、黄河啊母亲、大海啊母亲……

清晰记得少时读书，也有过如是疑问，为何一条又一条江河都被赞誉为母亲，偏偏没有一条被称呼为父亲的？

那些年也曾听过、读过多种解答，遗憾一直未曾找到可让内心信服的答案。

2020年，突如其来的疫情无疑改变了地球村，也悄然改变了你我他。

与心理学学者聊天提到，每当身心备感压力和挑战时，第一个会想到的人是谁呢？当时未加思索，连半秒钟都不到便脱口而出：母亲，我的母亲。

学者追问：为什么？

听后我忽地呆了，摸摸头、眨眨眼，自我反问：是哦，为何也是母亲？

细细想来也惊讶，在双亲永远离开后的日子里，自己但凡有喜忧苦乐，往往脑海里面第一个涌现出来的念想，都是母亲，而第一时间想到父亲的念头竟然几乎没有！这又是为什么？

这些年也常听有歌儿唱："生活的烦恼跟妈妈说说，工作的事情向爸爸谈谈。"

但独自一番回忆梳理，竟察觉自己心底原来藏着一个执念，工作的事情最好还是不要轻易向爸爸诉说。

这又是为何呢？

实际上，并非说父爱母爱有什么天壤之别，可能源于脑科学和心理学上男人女人思维的差异化，未知看官可曾留意到，男人天生善用左侧脑思考则理性思维者居多，女人天生善用右侧脑思考则感性思维者居多。

这样一来，具体到日常生活中，同样的事，男人往往首先想到的是对与错，女人则是美与丑。

如此下来，日常假若倾听孩子心事，常见一种熟悉的场景：做父亲的大多先要论个对错，做母亲的大多则是难得糊涂地包容。

至今还记得早些年曾有那么一回，我与父亲难得闲来聊天，畅谈倾诉自己对职场生涯的些许思考和梦想，当场得到的是父亲一番用心良苦的对错评判与标准说教。

其实，依照世俗标准的这一番话，一生为师的父亲有此厚望也无可厚非，但也不知为何，自此过后，直到与父亲永别，我却再也没有与父亲说过工作上的事情，更不用说倾诉内心真实的奇思怪想了。

可能是因为怕，怕坦言以后，会无端让老爸忧心或烦心。

或是如此，环顾身边的人，在长辈面前都是习惯报喜不报忧，但真的到了有忧非说不可之时，往往却是件大事。

恰恰相反的是，那些年我碰到生活上的烦恼，遇到工作上的苦乐，任何时候回到家都可以单独找母亲聊一聊、说一说。母亲识字不多，大多时候只是静静地在听，偶尔才会给予三两句建议性的回应。

如今在心理学学者的追问下，瞬间仿佛茅塞顿开，原来过往这么多年，某种意义上说，母亲就是孩子情绪的收纳大仓库，茶酒也好垃圾也罢，只要孩子倾吐出来，母亲必定像个守护天使，无条件地照单全收，有时来帮助，总是给安慰。

孩子向母亲诉说心事，既不用顾忌对错，也没有后顾之忧，倾诉之时可以放心地一吐为快，倾吐之后可以安心地了无牵挂。

那一种心理学上让人感同身受的包容与豁然开朗的共情，对于孩子而言，人世间可能唯有母亲能完完全全做到。

对其他诸如父亲、伴侣、子女和亲友等等，不是不想说，也不是不能说，而大多时候是不敢说，因为有担忧，因为有顾忌，因为有后怕……

冥思到此，衣带渐宽方始悟，心理学学者追问的为什么已经不言自明了。

正如长江与黄河为何都被赞誉为母亲河，一切的一切都缘于她的包容，她包容山泉清水，也包容冰雪雨水，她包容山洪浊水，也包容排污臭水……

如是这样纳百溪容万川，永远的无限包容，永远的不离不弃。

即使倘或离开了，不是她在你的眼里，就是你在她的心中。

回头再看，祖国啊母亲、故乡啊母亲、长江啊母亲、黄河啊母亲、大海啊母亲……

如是赞誉、如是称呼，实际上无一不是人世间的“共情”呼唤——

最爱是包容！

我教侄子写祝文

题记：写祝文，学感恩。

又到国庆假期，小侄子一见面就主动追问：“伯伯，几时回去（乡下）拜祭（爷爷奶奶）啊？”

近些年，每逢国庆节、重阳节来临之际，小侄子见面或打电话时都会这样问。

说实话，每次听到小侄子这样的问询，快到花甲之年的我内心都禁不住会泛起一阵暖意，有感动，也有感恩。

感动的是小侄子每逢佳节会思亲，过年过节必会思念在天堂的爷爷奶奶。

感恩的是传统文化习俗之感染力，过年过节祭拜仪式祝文写作已悄然在小侄子心中播下感恩的种子。

尽管都说日久他乡成故乡，但客家人即便定居在天涯海角，仍念念不忘梦回故乡去寻根。

回乡寻根，根是什么？客观世界的根，正是祖屋，正是祖坟。

因此缘由，当年父母走后，逝者为大，我亦是遵从父母的意愿，护送骨灰回乡下，找了个乡村公墓入土安葬。

乡下有此一说，再好的墓地，常常（每年）祭拜也就是两代人之间的事。即是说，隔代亲，实际上到了第三代人，既缺乏对先人（陪伴）的印象，也难有思念的记忆。

父母走时，小侄子小学尚未毕业。我当年亦常常暗暗寻思，要如何传承每年拜祭的习俗？

某天偶然想起儿时自己总也好奇伯父写祝文的经历，心想从教小侄子学写祝文入手试试，如今果真“零舍不同”（粤语，意为“特别不一样”）。

每每书上读到的都是“清明时节雨纷纷”，我们客家人遵从的却是“八月墓门开”，意思是每年要到农历八月初一过后，先人的墓门才会打开，从此时至春节期间去拜祭，先人才可收到后人的祭品。

每一次拜祭，除却要有三茶五酒、三牲（荤）三素三斋果与香烛纸宝等祭品外，最为重要的是要有一份红纸竖式抄写的祝文。

祝文要由参加祭拜的人中辈分最高的男丁来诵读，祭拜仪式完成后还要将祝文随纸宝一起焚烧。传说唯有这样，先人才能知道，家里现在有哪些人，有谁现在前来祭拜了。

小时候，祖屋里辈分最高的伯父每一回祭拜都会唠叨，祭拜若是没有祝文，先人是不知道哪个来祭拜的，也收不到后代子孙祭拜的物品。一句话，没有告知先人的祝文，祭拜再丰盛也是白费劲。

开头那几年，每一回，过节回乡下上坟祭拜也好，过年在他乡城里隔空遥祭也罢，我们带着小侄子，严格遵从祭拜仪式，点烛烧香、斟茶倒酒、叩头跪拜、诵读祝文、进串化财……

每一次祭拜仪式完成后，我都会与小侄子闲聊，问问当次祝文与上次的，除了时间地点，还有什么区别，由此细细对谈，慢慢引导小侄子发现祝文写作的格式与内容要求、遣字用词特点等。

比方说，祝文的写作，规定要使用朗朗上口的四字文案；祝文的表述，要区分时空，过节回乡下上坟祭拜，还要“敬请本山土地之神，均祈来尝”，过年在他乡隔空遥祭，则要“遥请（祖屋）本祠列祖列宗，一堂尊灵，暨本祠福德龙神，均祈来尝”。祝文内容，重点是要告知先人现在家里成员的基本情况，特别是当年每个家庭成员最新发展变化的喜讯等。

再后来，有了一回回祭拜仪式的熏陶，小侄子对于祭拜爷爷奶奶益发有心思，上了初中就开始将过年过节拟写祝文、抄写祝文的任务承包了。

如今，小侄子也形成习惯，每一回撰写祝文之前，都会与两个姐姐联系沟通，先了解两个姐姐当年最想告知爷爷奶奶的是什么事，然后再整理拟写成四字祝文内容。

2021年，小侄子还特地用文字记下了《记忆中的爷爷奶奶》。他写道：“17岁了，对我来说，生命中有太多太多重要的人，但至今让我回想起来，会默默流泪的，是我的爷爷奶奶。”

通过小侄子过年过节的祝文拟写，岁岁年年的祝文诵读，一次一次地，在祭拜先人的仪式过程中，大家都益发清晰明了——其实祭拜告慰先人，最好的感恩与最好的纪念，唯有后人的平平安安与自立自强。

回过头看近些年教小侄子写祝文，实属生活琐事一件，但从小侄子身上却也不难窥见，当下年轻一代要传承传统文化，要推进感恩教育，读国学背《诗经》是一条途径，从类似写祝文等身边小事入手，潜移默化地熏陶，也是一条路子。

※ 小荷才露尖尖角，早有蜻蜓立上头。“想要做自己”，肯定是孩子成长的必经之路，亦如夏天这一火热的季节，有骄阳骤雨也有蛙鸣蝉叫，初听感觉都是噪音，细听却别有一番“夏意”。

※ 爱是相信，并非控制，照顾孩子就像照顾花园，做父母就像做一个园丁。对于做家长而言，选择做“木匠父母”还是“园丁父母”，没有对错，只有因果。

第 二 章

夏之曲

常常去倾听

可怜当下读书郎（之一）

题记：前些天，又听闻江那边，有个乡里的孩子，从15楼一跃而下……

人生没有如果，由是看来，孩子成功与否很难评判，唯有行稳才可致远。

2022年某日一大早，我又听闻有学生跳楼轻生的噩耗，深深地为之悲伤，为之惋惜。可能对于地球村来说，这仅仅是每天众多悲欢离合中的一件，但对于那学生及其家庭而言，却是一生的终结与一辈子的悲剧。

虽然暂未知晓那学生跳楼轻生的具体原因，但萦绕在心中的仍是不变的两个问号：为何这样？如何防范？

过去我也曾听过一些家长倾诉担忧与焦虑。

问：现在的孩子这么小（小学阶段）就开始逆反了？其实，孩子要几时逆反才好啊？

答：孩子逆反，也即学会独立思考，开始敢向父母说“不”了，这既是青少年时期的一种正常现象，也是孩子蜕变成长的一个标志，早晚都是要来的，顺其自然加顺势而为就好了。

问：那有没有什么办法，可以让孩子不逆反？

答：从行为心理学上探究，孩子成长路上，变无疑是常态，不变才是异常。几乎每一个孩子成长路上都会有自己的梦想，都会有想做自己的所谓叛逆言行。

正如地球村有春夏秋冬自然现象，美国的心理学学者Tracy曾经说过："孩子叛逆，顺着来的其实不可怕，怕的是它逆着来。"在不该叛逆的时期再来叛逆，孩子往往会没有分寸也没了自控。试回想当年自己偷偷谈恋爱时，即使父母反对、制止，你自己有没有听过？有没有接受？

问：要怎样才能帮孩子提高语文课写作能力？

答：看书，让孩子多看看纸书。

问：那要看什么书才好？总是看到孩子与他哥哥小时候一个样，每天都在看"乱七八糟"的书……我们也经常说他，你如果能够把看"乱七八糟"的书的时间精力用到学习上来，那就好了。

答：实际上，只要孩子有兴趣阅读的，只要不是涉及黄赌毒的书，孩子都可以看。毕竟，呵护孩子的读书兴趣才紧要。

问：孩子参加兴趣班，要让他学什么才好？刚开始说要学吉他，才学了几个星期，还给他买了新吉他，又说不想学了，怎么办？

答：这个问题首先要问的是家长，孩子学吉他，你是仅仅为了满足孩子的兴趣爱好，还是希望孩子将来凭此谋生吃饭？目标定好了，要想好怎么办的，应该不是孩子，而是家长……

显而易见，上述三组问答，第一组是家长想要孩子成长又没有逆反，第二组是家长想要孩子学写作文又不让看“乱七八糟”的课外书，第三组是家长想要孩子参加兴趣班且学必有所成（兴趣班变成功利班）。

总括一句话，孩子之所读所学，几乎都是家长想的，并非至少并不一定是孩子要的。

三组对话虽纯属个案，但所折射的家庭教育观念仍极具代表性。当下有些望子成龙、望女成凤的家长给予孩子的，常常不是爱，都是要求。往往只有孩子达到家长的期望值时，才配得到家长的赞美、赏识和宠爱。否则，孩子就可能被无视、指责、冷暴力甚至于暴力。

这就无怪乎中国儿童中心和社会科学文献出版社在京联合发布的《儿童蓝皮书：中国儿童发展报告（2021）》指出，非自杀性自伤、自杀行为在青少年中屡见不鲜，青少年的心理健康也因此面临越来越多的挑战，而给青少年带来了不同程度的紧张、刺激和心理压力的首因，就是父母不正确的教育方式。

其实，这些年身边的不少悲剧个案已经揭示，当下孩子的人生需求层次，早已直接跳跃到马斯洛人生需求层次理论五大需求金字塔顶端的尊重需求与自我实现需求，内心祈盼与现实要求的纠结冲突由此衍生，大人眼里的叛逆也因此而来。

循此视角环顾左右，在成长路上，可有哪个孩子是会不叛逆、不犯错的？

孩子叛逆的时候，做家长感到最痛苦的是什么？是说什么也没用，无法沟通。

但爱是什么？爱是无条件地接纳与包容。

这也让人想起美国心理学家安东尼·比格兰，他花费了40年时间去研究儿童兴趣、技能、能力、习惯与后天养育环境之间的关系，写就了论著《温暖的孩子》。

通过剖析强迫型环境与孩子性格、人格缺陷之间的关系，安东尼·比格兰判定，对孩子身心产生坏影响的三种因素中，排在首位的是强制式教育。

家庭教育中强迫孩子将会带来三个结果：

一是产生逆反心理；

二是彻底向父母低头顺从，回过头来也会用强迫模式对待他人；

三是给孩子带来持续痛苦，累积到一定程度导致犯罪、吸毒等反社会人格的形式。

安东尼·比格兰呼吁家长要放弃儿童成功学，遵循结果选择理论（即家长最希望孩子的未来样子是什么），应当把孩子放在“滋养型”环境中，把他们培养成阳光、快乐的孩子。

因为，孩子就是未来。安东尼·比格兰说：“当下温暖的孩子长大了，未来的社会才不会有冬天。”

记得三年前听过拼命给孩子补课导致孩子经常生病的家长的一番话（总说是孩子懒，却忘了自己的焦虑），如今反观2021年倾听三位家长的焦虑倾诉，我同样是如鲠在喉，暗暗感叹：当下读书郎，真是可叹又可怜！

网上有句话，不一定全对，也有几分道理，说的是：每个孩子和父母之间，都注定要有一场战争，如果孩子赢了，是喜剧，如果父母赢了，是悲剧。因为，世上没有熊孩子，只有熊父母。

2021年3月发布的《中国国民心理健康发展报告（2019—2020）》显示，2020年我国青少年抑郁检出率达24.6%，在四类抑郁症重点人群中，青少年的状况尤其突出。

在此，祈求小学生轻生悲剧不再重演，恳请家长们抽空也来读读《温暖的孩子》，尽早接纳孩子，努力包容孩子，时刻不要忘记——父母，才是孩子最好的心理医生。

可怜当下读书郎（之二）

题记：有心理学学者这样说过：一个人，不是非得成功，才能活在这个世上的。

我在个人公众号的《新年说说梦》一文中提到：“有梦想，有努力，相信上天既可听到，也能看到。”

偶然听说了一名高中生的新年梦想，我希望这名高中生的身边人，也能听到，也能看到。

那是在一个新年前夕，有一个高中生发信息给新来的班主任老师，提出返回原来就读的班级继续学习的请求。

班主任老师了解情况后，认为这名高中生之前一直休学在家，现在回到原来的班级继续高三学业，会完全跟不上学习进度，对他个人的学习、成长不利。

但高中生却迫切希望回到原来就读的班级上学。高中生说，其实他本来也没有想重新上学，他之前想的是到18岁就结束自己的生命。但是他的好朋友一直在鼓励他，他也不想死。休学期间，他得知妈妈得了大病，爸爸工作的厂子总是拖欠工资，自己家的房子也只有使用权。至于他的高考成绩，妈妈说不管怎么样都行，但是他想自己努力努力，好好读书。

高中生在信息里恳求班主任老师："这个班级有我的好朋友，有我一直学习的对象，还有鼓励我的老师，我想和他们度过（高中阶段的）最后半年。"

听说班主任老师正在家访沟通，高中生也在努力争取……大家都有希望，大家也有期望。

就此，我也请教过几个高中老师，答案大同小异，那个高中生的新年梦想，大概率难以实现——因为有高考升学率考核，因为怕影响同班同学备考……

美国心理学家安东尼·比格兰说过，与孩子打交道最大的问题，是强迫孩子［详见《可怜天下读书郎（之一）》］。

反观上述高中生，他之前一直休学在家，也缘于本身存在心理问题。单纯站在心理健康角度看，回应孩子的请求，接纳孩子的愿望，让高中生回到原来班级的熟悉环境，继续完成最后半年的高中学业，可能是帮助有轻生念头的高中生康复的最好选择之一。

至于接下来的高考成绩如何，这是高中生自己的事情，纯粹是个人自主选择的结果，也相信高中生自己是可以坦然接受的。

曾有熟识的心理学学者说过：一个人，不是（人生）非得成功，才能（有资格）活在这个世上的。

当下唯有祈祷，愿这个高中生能够如愿以偿，但愿学校和老师能够包容、接纳他。

静夜细思量，表面看是高中生新年梦想难圆，实际上是缘于当下无处不在、无时不有的高考焦虑症。

或许有人会说，有条件的话，干脆送孩子到国外去，不就没有高考焦虑症了吗？

现实却并非如此简单。因为根植在骨子里的思维习惯，往往并不会随着客居异国而轻易改变。

一位移居美国的老友，在网上倾吐做家长的高考焦虑。

老友说，孩子学校发了一份邮件给家长，内容涉及家长的学历情况、对自己孩子优势的判断、孩子的职业目标和方向等。老友每天盯着美国地图，对美国有医学院的181所私立大学的规模、GPA成绩、医学院的录取率等，进行了一系列的比较、分析与研究。对于孩子报读学校的城市，老友选择靠近美国疾控中心的亚特兰大，因为那里可供实习的医院很多。

老友对着孩子一番又一番地讨论、分析、总结、再讨论、再分析、再总结。

但一日吃饭时，孩子对老友说："我和您都有诗和远方，然而我的远方在西边，您的远方在东边。您在看日出的美，我在看日落的绚。虽然我们都在牵挂着对方，但方向不同，就互相留些空间吧！"

老友讲，孩子说得娓娓动听，言下之意就是要自己选择申请大学的城市。

老友当时就有点生气，因为自己做了三个月的功课。

幸好，这个老友也知晓，对于孩子来说，兴趣激发活力，兴趣激发潜能。

亦如我的公众号推送《可怜当下读书郎（之一）》一文后，有网友发来留言说——中国人的用字其实很说明问题："孝顺"，强调的是"顺"字，顺了才是孝。而"叛逆""逆反""逆子"，无不在强调"逆"字，也就是"顺"字的反义词。所以传统观念里，小孩听话是第一位的，听话就是好，不听话就是大逆不道，好像犯了滔天大罪，但那其实不过是孩子成长独立的标志罢了。

女儿出生的时候，我和丈母娘在产室外等待，旁边的人问我丈母娘对即将出生的孩子有什么期待，她说："什么都不要求，只要听话就好。"我在旁边想，她可能要失望了，因为我不想要一个听话的孩子，听话的孩子不可能是一个有活力、有创新、快乐的人。

未知诸位看官读后，有怎样的感觉？

但凡听到"只要听话就好"这句话，不能不感慨当下读书郎——

要说读书的物质条件，优越！真优越！

但说读书的自主选择，可怜！真可怜！

爱是相信，并非控制

题记：不是看见才会相信，而是相信才能看见。

有家长焦虑地诉说，周末晚上又跟儿子闹不愉快了，就为了先看电视还是先完成作业。家长要求孩子先完成作业再看电视，而在读小学的孩子却硬要先看电视再做作业，争执起来……

读者诸君，假如你是家长，可会相信孩子，可会让孩子自主去选择、去安排做作业与看电视的时间？

过去都说“知子莫若父，知女莫若母”，但时下现实生活中，做父母的，可以完全相信孩子，能够放手让孩子自主去选择、去安排做作业与看电视时间的，比例有多少，可不好说。

此话题缘于近些年每逢老朋友、老同学、老同事聚会，常常三言两语相互寒暄过后，做家长的话题免不了会聚焦到各自的独生子女身上。而时下亦正是90后独生子女的读研季、就业季、婚恋季，尽管都是闲谈，但做家长的片言只语之中，往往少不了些许担忧和害怕。

但凡诉说担忧的，总想多帮孩子铺铺路，可孩子硬是不听话。比方说，家长推荐的好工作不屑一顾，偏偏喜欢找不着边际的工作。有的说，家长介绍的好对象瞧不上眼，不想恋爱不愿恋爱还不要紧，偏偏整天沉迷于养猫、养狗……

还有诉说害怕的，总忧心孩子将来怎么办才好，可孩子却是不领情。比方说，家长看到孩子不愿回到父母身边就业，害怕（独生）孩子将来万一遇到急事、难事，家长想帮忙却山长水远、鞭长莫及，孩子要如何是好？有的说，孩子毕业不到两年，就接连跳槽换了好几份工作，将来没有一份稳定的工作，孩子要如何是好？还有的说，孩子在一线城市工作，单靠工资今后肯定是没办法买房供楼的，孩子要如何是好？

闲聊之中，也有家长说，希望孩子大学毕业能够选择回到父母身边就业，如今有车又有楼。但孩子却宁愿待在一线城市租房、挤地铁，还明确地说，自己除非到了走投无路的那一天，否则决不会花父母的一分钱，也不会找父母帮任何的忙。听者中有啧啧夸赞的，说那个孩子独立、自立，挺有斗志的，做家长的应该为此感到高兴与骄傲才对，何来忧虑？

思忖当下家长对孩子担忧或信任的话题，我不由想起跟随心理学学者一起读的《园丁与木匠》一书。发展心理学教授艾莉森·戈普尼克在书中给好父母重新定义：“照顾孩子就像照顾花园，做父母就像做一个园丁。”艾莉森提醒，爱孩子并不是给他们一个目的地，而是为他们的旅程提供给养。“园丁父母”提供给孩子宽松、稳定、安全的环境，接受和欣赏孩子自然生长出来的样子；而“木匠父母”则按照自己的想法去雕刻和塑造孩子，木匠父母的心里有个“模范孩子”的标准。艾莉森建言，父母的责任是为孩子创造一个健康成长的生态系统，让孩子自行应对环境变化。

细细咀嚼《园丁与木匠》一书，回过头来想想，也有察觉也有感悟，可怜天下父母心，上述家长唠叨的担忧与害怕，除去家长的面子外，表面上看是孩子不听话、不领情的表现，实际上或是家长对孩子不信任的心态作祟。

反观本文开头家长因先看电视还是先完成作业而与儿子闹不愉快的个案，恰好印证了“园丁父母”的核心内容，“为人父母，本质是爱”。而爱的前提，是相信，不是控制。只有相信孩子，孩子才有自由成长的空间，孩子才有创造的自主选择。

这样看来，个案中家长帮不了的担忧与帮不上的害怕，大多也是源于对孩子的不信任。当下孩子生活条件明显优越了，心理问题却增多了，个中缘由之一是孩子的压力来自“木匠父母”的完美要求，总是被选择、被安排、被优秀，于是没有了自己。

古话有说，后人自有后人福，莫为后人做罪人。当代行为心理学预言，对孩子的精雕细刻终归是徒劳。家长试图有意识地将孩子塑造成某种特定的样子，这几乎是徒劳的，孩子也会产生很强的自我挫败感。因为，孩子天生就富有好奇心与好胜心，年轻的大脑天生就注定要探索，要尝试。

站在行为心理学的视角看，对于家长而言，做“园丁父母”与做“木匠父母”，没有对错，只有因果。但有一点却是确凿无疑的，相信孩子亦如“情人眼里出西施”一样，不是看见才会相信，而是相信才能看见。做家长，选择相信孩子，必定选择做“园丁父母”，也会选择顺其自然、顺势而为。

孩子同样需要尊重

题记：孩子成长路上，变了是常态，不变才是异常。

2021年是《中华人民共和国未成年人保护法》颁布实施第30年，而《中华人民共和国未成年人保护法》第二次修订版也从当年6月1日起实施。

近年来，缘于修读心理学，我接触了不少亲子问题的案例，也看到了不少家长为了孩子的健康成长努力做得更好，例如陪伴与倾听等。

梳理多宗个案发现，家长们其实也知道，孩子“傻”“叛逆”，问题根源多在家长身上。但往往知易行难，一旦孩子有了梦想且为之坚持时，家长却难以给予支持。

2020年接到家长求助说，刚上高中的孩子，不想学英语，要选读日语，而英语又是考研统考的必考科目，担心这样会断了孩子未来考研的路子。

与那个孩子几番沟通后，我觉得应该支持孩子的梦想。于是，我反过来去做孩子家长的心理疏导工作，引导他们选择更加适合孩子健康成长的路径，“蹲下身来”为孩子而改变。

再后来，我鼓励那孩子将自身的梦想与思考如实记录下来，写成了一篇关于兴趣教育的随想文章《不想学英语，我该怎么办》，在《南方周末》网络版刊发。

一年后回访得知，得到家长支持后，那个孩子的学习劲头和学业成绩都有所提升，还通过竞选成为学校的团委副书记。

几年前，孩子大学毕业时，我曾将做家长的希冀、喜忧与忐忑等经历体会，整理成一篇小文《吾家有女初长成》。文章发表后朋友圈留言中最多的共鸣，是提到做父母所需的四个层次中，最难的正是父母肯为孩子而改变自己。因为，改变别人是困难的，改变自己是痛苦的。

在现实生活中，不愿为孩子改变的极端个案并不少见。

我每次听到心理学学者剖析身边令人扼腕叹息的悲剧个案时，都会思索：悲剧中的父母和孩子，谁更可悲？谁更可叹？

对未成年的孩子来说，父母暂时都是强者。孩子的志趣梦想，很难确保与父母的愿望相一致，但只要没有触碰法律红线、越过道德底线，两相冲突之时，家长作为强者，肯为之改变，顺其自然，顺势而为，便是难能可贵的，也是应该的。况且，实施有30年之久的《中华人民共和国未成年人保护法》也有相关条款规定，家长有责任和义务监护未成年人的心理状况和情感需求。

但愿做家长的能有点启发，善哉善哉。

孩子这样敬茶，先要自责的是谁？

题记：习得性行为需要从小教育，需要重复训练形成习惯。

我应邀参加一项小型活动，其中有个互动节目，是请现场的中学生上台给父母敬上一杯茶，对爸爸或妈妈说声“谢谢您”。

几十个中学生，两个一组相继被主持人请上台来，从服务生递过来的茶盘上接过茶杯后，系列怪诞现象随之而来——

敬茶时，有的双手捧着茶杯，有的单手拿着茶杯递给父母；

父母喝完后，仅仅有寥寥几个中学生会主动从父母手里接过空杯，还给服务生，大多数或自顾自转身离开，或手指服务生处，要父母起身自行将茶杯放回去。

此情此景，现场有长辈摇头慨叹，也有长者痛心唠叨，都说当下的孩子不懂得感恩，连向父母敬杯茶都做得不像样，如此不成体统、洋相尽出。

都说百善孝为先。当下孩子这样敬茶，诸位看官认为要先怪罪谁？请恕我直言一句，当下真要先自责的，可能不是孩子，而应该是做父母的。

理由有二：

其一，在行为心理学上，人的行为只有两种：非习得性行为与习得性行为。

非习得性行为，是与生俱来的；习得性行为，则是后天学习养成的。

毋庸置疑，给父母敬茶属于习得性行为。

既然如此，对于传承规范的敬茶行为，孩子无疑需要教导，也需要学习，而作为孩子人生第一任老师的家长，责任之重大也是不言而喻的。

其二，子曰："见贤思齐焉，见不贤而内自省也。"

现实生活中遇到类似孩子敬茶的"不孝"之怪象，当然需要从孩子身上找原因，但做家长的内自省，同样不可或缺。

恰好有好友接连发来同一个视频《父母的悲剧》，视频中一个做父亲的农民，几十年来倾尽所有，供儿子上最好的学校，给儿子在城里买最好的房子结婚，负债20多万元，儿子却逼老父亲卖掉家里的十几头牛给自己换辆新车。

视频中，一边是儿子埋怨父亲连儿子都养不起，一边是父亲对儿子哭诉，说儿子剥夺了父母享受（幸福）生活的权利，"如果有下辈子，你来当爹我来当儿子试试？"

在与心理学学者探讨这个故事时，学者说，世间所有的一切，都不是机缘巧合，都是因果定律使然。如果"因"是好的，那么"果"也是好的。反之亦然。

如是说来，这个悲惨的父亲，同样要"见不贤而内自省也”，要细细想想儿子小时候，家庭教育是否存在无限溺爱的“因”。

再看孩子向父母敬茶时的怪异表现，直觉上首要问题应是：孩子们是果真不懂，还是不愿？

仍是遵循子曰“见不贤而内自省也”的修身要求，假如做家长的可以向内自省，核心问题应是：孩子们为何会不懂？为何会不愿？做家长的是不是亦有“子不教父之过”方面的缺失？

儿童心理学家陈默在《当代中国孩子的七大特征》一文中认为，当今的孩子都很善良，孩子的道德判断水平要比我们这代人高多了。因为，爱心是有条件的，现在的孩子具备了爱心的（物质）基础条件。

环顾前后左右，相信读者诸君也不难察觉到，给父母敬上一杯茶，当下的孩子们，在“不愿”这一点上，答案无疑多是否定的。现今剩下的问题，就唯有“不懂”了。

只须稍稍梳理即可得知，给父母敬茶属于习得性行为，习得性行为需要从小教育，需要重复训练形成习惯。

身边有帮朋友都说老友小章能喝，小章却说是因为小时候还未懂事时，乡下从未进过学堂的爷爷每天喝酒时都会用筷子沾一沾，放进他的嘴里，让他也品尝一下，不知不觉长大后他就有了酒量。

当然这也只是个故事，暂且抛开对错不论，起码说明没读过书的老人都知道，孩子的兴趣爱好要从小培养、要反复练习。

现今不愁吃穿的年代，孩子自幼开始，大多家长总是宠爱有加，总是这也不舍得、那也舍不得……

针对开头中学生向父母敬茶时的怪异表现，有心理学学者告诉我，以后再有家长喟然叹息，请先问问他们，平日在家里，你的孩子是不是自己盛饭？你的孩子是不是自己清洁房间？

心理学学者认为，单纯从行为心理学上来说，世间人与事，没有对错，只有因果。

父母进城，你会让他们拾荒吗？

题记：古人有云，百孝不如一顺。

又是一个台风天，大风夹着大雨，一阵一阵地。偶尔有风歇雨停的片刻，我赶紧跑下楼去买早餐。

我步出电梯间，抬头又瞧见地下车库正对的一角，楼下的那个大姐正在与老伴一起，你抬我扶，合力将一捆一捆的纸皮层层累叠，捆绑在电动自行车上，步行送到七八里外的废品收购站去卖……

近些年，这一场景我早已记不清目睹过有多少回了，其间曾有疑惑，也有思考。

那个拾荒大姐与我同住一幢楼的低层，第一次碰见她是在地下车库角落，瘦小的身段刚好比垃圾桶高了一点点，看她踮起脚尖用手翻垃圾桶的时候，说实话，我内心也怪不是滋味的。

后来，在电梯里又偶遇好几回，看到的都是那大姐双手在用力地提着一大捆纸皮与饮料瓶，不是往上提就是往下搬。

曾经与那大姐攀谈，她说，他们夫妻俩是跟随孩子进城（团聚）生活的，老家在江西农村，当年因为没钱补买养老金（社会保险），所以没有一分钱养老金可领。现在孩子（孙辈）大了上学了，他们每天早晚有空闲时间，就在小区垃圾桶里翻看、捡拾、分类整理，收集到一定数量，每周两次集中打包送去废品收购站卖，赚点零花钱。

让我印象最深的，是大姐那黝黑且皱纹密布的脸上，那一双小眼睛总是翘望着，总是闪耀着希望的光芒。

其实，每一回在电梯间偶遇大姐拾荒回来，看见她手提大捆小包废品往上搬，就知道她是拿回家暂时堆放在阳台上的。

曾几何时，我也有过好奇的念头，很想问问她：天天这样背垃圾回家，难道家里人就没有一点意见与怨言吗？

幸好，我每一次都能管住自己的嘴，话到嘴边又咽回去了。

因为，这一问，要么给人添堵，要么给人添乱，都不妥，且这亦是他人的隐私。

再后来，我也在不同场合听了一些老人进城引发的悲欢离合的故事，有住不惯的，有闲不住的，有看不惯的，还有愁不消的……

比较梳理后得出一句话，当下传统的同一屋檐下老少团圆，有其幸福亦有其烦扰。究根寻源，某种意义上其实大家都想要对方按照自己的方式生活，但又都因为对方不愿也不能完全按照自己的方式生活而焦虑、忧郁，可以暂且称之为“在一起的烦扰”。

日本在老龄化社会进程中，有一制片公司曾就现代化城镇化背景下老人应当进城养老与否的主题，拍摄有相隔一个甲子的两部电影——1953年的黑白电影《东京物语》与2013年的彩色电影《东京家族》。

两部电影讲述的都是平山家族的故事。60年前与60年后，平山家族成员面临的人生窘况与爱的困境，几乎没有什么改变，一切都缘于在东京都市生活的儿女们都太忙了，乡下留守的父母老了都很寂寞，即便到东京去看望子女，在看似家的地方仍似无家可归，最后仍要提早返回乡下，孤独养老过日子。

望着楼下大姐与老伴忙碌欢快的身影，我常驻足思忖。

这些年来，我目睹他们一直在拾荒，一年到头从未见他俩有过间歇的情形。虽然未曾与他们的家人谋面，但两老的坚持是否说明他们家里人并不反对，抑或还能忍受、还能包容？

在世俗的眼光里，父母跟随子女进城应该是过好日子，而在居住小区拾荒捡垃圾，无疑是让子女没有面子的“丑事”。这并非孤例，同幢楼也有古稀老人去酒楼做侍应的。

坊间都说，百孝不如一顺。当下应如何善待进城老人的精神生活，让进城老人能够在钢筋水泥筑造的“森林”里面住得安心、舒心？这对拾荒老夫妻每天忙碌的身影，既是一种写照，也是一种启示。

实际上，在一起过日子，父母子女也好，夫妻伴侣也罢，大多时候不是要给对方最好的，而是要给对方最需要的，这才称得上是换位思考，算得上是感同身受。

如是说来，楼下那大姐的家里人，能够默许、包容老人选择拾荒的生活方式，对二老而言，就是一种幸福，也是一种支持。

尊重孩子做自己的愿望

题记：家长要尊重孩子做自己的愿望。

2024年4月25日的《南方周末》，刊发了一名长期与大学生打交道的广州大学社会学教授的文章《一位大学老师的观察：当代青年有哪些特征？》。文章认为，年轻人身上的个体化、原子化、碎片化的程度异常明显，相互间的边界感整体上在强化。

当代青年大学生与他们的父辈相比，没有温饱之忧后，便迫不及待地想要实现做自己的愿望，这是当下孩子最为突出也最易被忽视的特征。

身边有两位家长，前者A近年来为夫妻俩常被大学毕业刚步入职场的孩子在微信上“拉黑”而苦恼，缘于每次只要孩子告知在就业规划上有新想法时，他们都会先帮孩子仔细分辨好坏、研判对错，总觉得孩子这样会让人担心，那样又令人担忧。

后者G诉说，他家孩子就读大学期间与刚刚毕业那年，常常挂在嘴边的话，都是反驳、提醒——“你们不要浪费精力劝我，我是不会听从你们的（就业建议），我也不会重复你们的老路。”

G内心经过几番折磨，觉得还是“让子弹飞一会”，尊重与包容孩子的选择，从此但凡孩子告知任何想法，只要是不违法的，G的回答永远只有两个字“好的”。接下来，就是默默地守望、守护。

毋庸置疑的是，时下年轻人变了，变得与上一代很不一样了，这是必须承认的客观事实。

当中最为突出也最易忽视的特征，仍是当代青年要做自己的愿望。

比方说，当代青年往往不再唯父母是尊，不再言听计从，有的家里有房却仍要搬出去独自租房，有的迟迟不谈恋爱、不结婚，有的喜欢不用打卡的自由职业，有的热衷于饲养宠物……如此种种，正是当下孩子渴望做自己而想要的经历与体验，可能也是当下孩子在磕磕碰碰中成长的必经之路。

正如有心理学学者断言：每个孩子和父母之间，都注定要有一场战争，如果孩子赢了，是喜剧；如果父母赢了，是悲剧。

其实，悲剧与喜剧的界限，就在于家长尊重孩子做自己的愿望与否而已。

都说当下孩子变了，原因是……

题记：肯为孩子花钱，肯为孩子花时间，
肯为孩子学习，肯为孩子改变。

我的公众号推送《陪伴无价》一文后，有家长问——

“假期孩子在家，我们几乎谢绝了过年的所有应酬，天天在家陪孩子写作业，希望孩子下学期成绩能迎头赶上。但为何孩子就是不领情，反而反感厌烦？”

无巧不成书，收到问询当天，恰巧有家长发来正在读中学的孩子过年写给家长的一封短信。

孩子在信中写道：“在外面我表现得恭恭敬敬，是为了显示你们教得好，有教养。在学校我该学习就学习，是作为学生的本分……

“你们成天看到我在假期里浑浑噩噩的样子，那是因为我在外面表现得太累了，回到了家，面对我最亲的人，我不想装，我的本质就是这样，我为什么要掩藏？

“所以说你们能懂就最好，我在外人面前表现得不说优秀，至少良好，一是这个社会的必然，二是不想让你们白生我。

“但回到了家，请不要再让我限制自己的本性，否则我不敢保证我不会被压垮……

“开学后，我每周六下午自习到4点多才回来，星期天吃完中午饭就回学校。

“一周七天，我安排了六天在学校学习，一天回家休息，我不希望下学期还会听到关于我回到家里就只知道玩耍的类似言论。”

诸位看官，假如你也是家长，读完这个中学生过年写给父母的信，内心是否仍可平静如常？

不论相信与否，在下觉得首先要为之着急的，正是这个中学生的父母。

如今生在新时代、长在糖水中的孩子，依照马斯洛的人生五大需求层次理论，个个都是人小志气高的“小超人”。

或因如此，早些时候，亦曾有中学生家长转来孩子在朋友圈分享的心语：

——人活着是为了定义自己的世界，不是学习被别人所定义的世界。我们不过是活在不能脱离社会独自生活的圈套中的木偶，不断学习这个早已被定义的世界，接受他人的观念罢了。

——不喜欢别人用自己的经验教育我，我想过我自己的生活。不喜欢他们口中的不对和不正确，想自己摸索，探究我的喜欢和厌烦。在这个世界里，你不能定义我的，很多事情他说是苦，可我说是甜。

…………

平心而论，当下的孩子变了，变得早熟，变得叛逆。

条梳细理不难察觉，伴随时代前行，当下孩子没有了衣食住行等初级阶段的生理与安全需求之困，成长之烦恼仍是一个也不少。究其原因，透过上述中学生的只言片语也不难窥见，孩子人生需求层次早早直接跳跃到五大需求金字塔顶端的尊重需求与自我实现需求，内心祈盼与现实要求的纠结冲突由此衍生，大人眼里的叛逆也因此而来。

做父母的若是没看见或看不见，也就很难理解上述中学生的想法，也就很难找到与孩子沟通的共同语言。

做父母的看不到孩子提早降临的被尊重与自我实现的需求，此亦当下孩子不愿、不能也不敢找父母诉说心里话的主因。

常言道，做事物极则必反，做事要劳逸结合。

正如上述中学生过年致父母的信中所言："一周七天，我安排了六天在学校学习，一天回家休息，我不希望下学期还能听到关于我回到家里就只知道玩耍的类似言论。"

细细咀嚼或可感同身受，真是可怜当下读书郎，平日封闭在学校读书，难得有个假期回到家里，往往不是在补课，就是在去补课的路上。

假如自己是个孩子，开头提到的过年放假在家，父母天天陪着、盯着写作业，催着做功课，整天在成长之忧虑、成功之焦虑的包裹中生活，孩子更多感受到的是动力还是压力？设身处地地换位思考，相信都懂得。

记得美国的心理学学者Tracy说过："活着都知道，快乐是一件很不容易的事情，有些微不足道的事，在小孩的世界里，往往却可能成为影响他一生的烙印。”

放假了过年了，让孩子回到家里轻松一下，好好玩，在父母眼里可能是一件很小的事情，但在孩子心里却可能是一件很大的事情，事关孩子的尊重需求与自我实现需求。

因为，玩耍是孩子的天性，也是孩子满足自身好奇心与好胜心的重要途径。

导演李安在谈个人成长史的节目《这一路走来的我》中提到自己的父亲时说：“父亲是长子，是没有童年的，五岁起就要有大人的样子。”个中缘由，或是李安父亲的童年缺乏玩耍、没有玩耍，有缺失，是遗憾。

有心理学学者说，做父母有四个层次：肯为孩子花钱，肯为孩子花时间，肯为孩子学习，肯为孩子改变。

每深入一个层次，做父母付诸行动的难度会增加百分，甚至万分。难中之最，无疑是做父母的肯为孩子改变自己。

放假了，回到家，面对最亲的家人，孩子是否可以童心流露、童真无邪，可以不想装、不用装，可以尽情放松、尽情玩耍，其实就看当下为人父母的可否暂时放下焦虑，是否愿意改变。

教育心理学中有个经典说法：幼儿园老师与小朋友一对一说话沟通，要么抱起来，要么蹲下去。

实际上，生活中很多的惊喜、奇迹，正是来自肯为对方而改变自己——亲子关系这样，夫妻关系如是，官民关系亦是……

惜取少年当狂时

题记：遇事找老大，还是找法治？

日常遇到问题，国人解决问题的习惯思维大多首选找熟人，帮忙沟通一下。

有两个初生牛犊的故事，令人感觉耳目一新，更觉后生可畏！

一个是高中生的故事。

高中生家里的网络经常掉线，在半年多的时间里，家长屡次向网络公司报修与投诉，维修人员来来去去，总是归咎于客观原因，比如当初楼宇建设时网线布设有问题等，故障始终没法彻底解决，家里老少上网都曾为此焦躁。

正当家长仍在冥思苦想，辗转寻找在网络公司工作可以帮忙的熟人时候，一个周末的夜晚，网络公司突然主动致电，派遣技术人员星夜上门全面检测维护，将楼上、楼下的网线接口重新调试安装，还推荐更换了新一代的无线Wi-Fi产品。

全部维修完成，技术人员告别之前，特地交代用户要在投诉平台上给予他们好评。

原来是家里的高中生在工信部的网络平台上进行了用户投

诉。网络公司接到上面层层转达下来的投诉件，公司主管着急起来，要求技术部门当天夜里必须解决问题，这样才有了上文提到的惊喜。

另一个是大学生的故事。

大学生暑假前报名参加了一个课外艺术培训班，准备新学期跟一位慕名已久的老师F学琴。

暑假结束，大学生回校准备参加培训时，却发现F老师已经辞职，当即要求培训班退费，培训班却以公司规定为由拒绝，老板也避而不见。

大学生找到大学的调解委员会，答曰只受理学生之间的纠纷调解。大学生随后通过网络，向所在地法院提起民事诉讼。

法院正式受理立案的第二天，培训公司老板就主动打电话过来，同意为大学生立即办理退费手续。

传统教育都说，和为贵。

上述两个90后，遇到纠纷时，一个选择拍案而起，一个选择与对方对簿公堂，我听后暗暗思忖，对比60后、70后解决问题的方式，代际差异还是显而易见的。

花开堪折直须折，惜取少年当狂时。敬佩之余，亦有感慨。

其一是要找老大。

网络公司虽说用户至上，但是故障的最后解决，仍然要靠上面发话，终究还是应验了“老大难老大难，老大重视就不难”之规则，如果高中生不是拍案而起直接投诉到工信部，并不复杂的问题的化解可能仍然遥遥无期。

这既是苦了老实人，更是辛苦上头人。

其二是法治文化。

都说要成为法治的忠实崇尚者、自觉遵守者、坚定捍卫者，大学生少年当狂，可为那区区一千多元的学琴费与培训公司对簿公堂，事虽小理却不小。

假若人人都能从小事做起、从我做起、从现在做起，运用法律维护自身权益，对于弘扬法治精神、建设法治文化，增强全社会厉行法治的积极性和主动性，无疑是件大好事。

网瘾可能并非“坏”

题记：等待一朵花儿盛开，需要很多耐心和微笑。

《南方周末》2019年7月11日文化专版刊发的报道《我们与恶的距离、与善的距离，都太远了》，叙说了台剧《我们与恶的距离》直面的现实世界。报道多次提到了“思觉失调症”这一心理疾病概念。编剧吕莳媛向《南方周末》记者解释说，无差别杀人主要分两类，一种是动机、原因不明的，另一种是加害者患有精神疾病的。

报道还说，有一名患者告诉主演林哲熹：“我吃药之后跟一个废人一样……吃了药后什么情绪都没有了，所有外在刺激就像一滴水滴到一盆水里，却激不起任何涟漪。但水还是滴进去了，我是有感觉的，但我什么都表达不出来。”

因为研修行为心理学，近些年我也得以正面接触了网瘾的青少年案例。

我曾拿着一个矫治计划，当面向一位克服了网瘾的大学生讨教，未料对方看完却不屑一顾，立刻否定：“你们总以为他不对，他有病，却不知道他为何从小要玩（网络）游戏，也不知道他究竟需要什么。”

此后留心观察，当下并不为多数人所理解的族群中，网瘾小孩无疑是其中之一，他们常会被身边人随意贴上或“坏”或“病”的标签，日常自我感觉做什么都没有意义。

而现实生活中，孩子一旦被贴上标签，往往容易产生十大心理学效应之一的“首因效应”，孩子的人生极易往另外一条道路上走去。

正如报道《我们与恶的距离、与善的距离，都太远了》所述的“思觉失调症”，家庭可能需要给予非常大的支持，才能让孩子回归社会。

我所讨教的大学生，是我见证的在家庭温情包容下克服了网瘾的成功个案。

传统文化讲究慈悲为怀，最爱是包容。但成年人的世界，好似总在忧虑新生事物会毁了年轻一代，偏偏忘了扁担亦曾是竹笋。

换个角度看问题，其实孩子有网瘾，可能并非“坏”，也可能没有“病”，只是孩子贪玩的天性使然，只是需要身边人给予更多一点的耐心、包容与疏导。

毕竟，等待一朵花儿盛开，还是需要很多耐心和微笑的。

“爱”也可成为侵害

题记：爱的基础，是尊重与包容。

有家长朋友说，周末送读五年级的孩子去参加一场测试，但从出门到考场，孩子一直哭着说不想去。

困于孩子强烈抗拒，朋友最后一刻只能作罢，打道回府，可心里甚为愤懑：“自己这是为孩子好啊，为孩子将来能够报读名校着想啊。”

耳闻目睹，这位家长朋友算是很开明的，还能尊重孩子的真实意愿而迅即做出改变。

近些年见过有厌学的、毕业后无法适应工作环境等心理问题的孩子，溯源寻根几乎都可窥见，孩子成长时期的梦想被忽略、自尊或自信受挫的痕迹，往往揭示在某些时候家长“为孩子好”的爱，反而成为对未成年人心理健康的一种侵害。

如今问题之中的问题是，类似家长“为孩子好”的爱而造成的心理健康侵害，即便在《中华人民共和国未成年人保护法》颁布实施30多年后的今天仍未得到重视，家长的希望与孩子的梦想之间的冲突仍是屡见不鲜，法定监护人应如何保障未成年人心理状态和情感需求的相关条款亟待细化落地，家庭小环境与舆论大环境的营造，仍是路漫漫其修远兮。

显而易见，当下保护未成年人身体健康，免受侵害之屏障已频频筑起，但心理健康的免受侵害仍待重视、正视，家长正是未成年人心理健康保护的第一道屏障与最后一道防线。

因为，爱的基础，是尊重与包容。

因为，心理学家阿德勒近百年前就有精辟论断：幸运的人一生都被童年治愈，不幸的人一生都在治愈童年。

又到暑假“放飞”时，是让孩子先补习还是先游玩？

题记：读万卷书不如行万里路。

偶遇小区邻居叹说：“正在读小学的孩子这次期末考试，语文分数太差了，附近有没有熟悉的语文老师，暑假可以帮忙给孩子补补课，教教孩子写作文？”

这让我想起在朋友圈看到有老友分享孩子小学六年级的期末考试作文答卷截图，我当即掏出手机转发给这位邻居。

老友孩子的作文以“超越自己”为题，这样写道：

“围棋，是我一生中最大的爱好。可是，我会永远记得三年前，它第一次带给我信念的那一天，它给了我一个梦想。

“那一天，我已经在棋室完败给所有人了，周围的人都对我投来不屑的眼神，刺耳的笑声在我耳边飘荡，我差点就崩溃了，一个人趴在桌子上，哭了一节课。那天，窗外大雨倾盆，犹如我的泪一般，仿佛永远也不停歇。终于，我站了起来，心中有了一个对我而言不可能完成的想法：我要打败他们，让他们后悔！那一刻起，我才正式开始培养这个爱好。

“之后三个月中，我每天回家都练棋，在学校也在记定式，终于，我达到了，到现在我都觉得不可思议，我成功了！那天起，我是整个棋室第一强者，之前那些人一听到和我下棋，都跑得远远的。

“可是，我骄傲了，他们没人可以再对我造成威胁，我也一天天地堕落，反应过来时，已被远远甩在后面。

“我不服，我继续追赶，可是却依旧渐行渐远。在围棋考级一段升二段的比赛上，我每局都在全力以赴，可棋差一着，输了两盘。

“输两盘，意味着就算接下来我全胜，也未必可以升段了。我基本放弃了，也许，我这种人，再怎么努力，也追不上别人的步伐吧。所以，我又何苦呢？歇一下吧，没必要追了。

“可我的内心却不服，一个念头闪过，对，我不需要追上别人，我只要超越自己就够了。我一下又站起来，将剩下的每一局都赢下来，最后，前十六名升段，而我刚好是第十六名！

“是的，也许我不如别人，但我的对手不是别人，而是自己！围棋给了我这个信念，我也一定会坚持下去。”

老友孩子的作文答卷，老师给出的评分是98，且特别加注了“加油”两字。

邻居读后，也连连赞好。

“你觉得这个作文好在哪里呢？”我问邻居。

“应该是有真情实感吧。”邻居说。

“是的。我也觉得，这个孩子的作文，最最难能可贵的，就是通篇故事娓娓道来，内容富有真情实感！”我说。

“你可以帮忙指点一下我的孩子，让他也这样写作文吗？”邻居赶紧追问道。

“你觉得这个孩子的作文，是仅仅靠补课指点一下，就可以写出来的吗？”我反问邻居。

邻居一时语塞，似有所思也有所悟，片刻过后自言自语地说：“是啊，作文里面写的，都是孩子自己亲身经历的故事。”

都说文学来源于生活。同样的道理，小学生也好，中学生、大学生也罢，好作文，无疑多是来源于生活。或因如此，古语早有“读万卷书不如行万里路”之说。比方为人父母，我们在书本上读到的做父母之伟大、之不易，永远不如我们亲为父母时所体会、所感悟得深刻，正所谓“养儿方知父母恩”也。

老友读小学的孩子期末考试的作文答卷，写得这样如鱼得水，让人读来如此感同身受。听老友说，期末考试前一周，孩子刚参加完围棋升段考级。作文的内容，讲述的就是孩子围棋升段考级的经历与体会。

读万卷书，行万里路，读书与游历这两件事，肯定是一个人一辈子的梦想来源和奇迹源泉。

但时下有个大家熟视无睹的现象，为解决孩子作文空洞无物的原因，希望孩子啃万卷书的父母很多，放手让孩子行万里路的父母甚少。

到了暑假“放飞”时，做家长的若是有条件、有时间，可否先放手让孩子们好好去游玩一下，让孩子们自己去经历、去见识？

因为，书本的知识与写作技巧，孩子们本身在学校里就有固定课程和获得渠道。

孩子们，放假了，Let's go！

孩子们自己的事，可以还给他们自理吗？

题记：教育的前提，是尊重孩子。

平日一帮家长喝茶闲聊的话题，总也绕不开孩子学校的事。

一次，有家长吐槽，当下孩子班级的有些做法不可理喻，自己真的无法理解。

那个家长是自己孩子所在班级同学家长中的“积极分子”——家委会成员之一，叙说的也是孩子班里的一件平常事。

他说，前些天，班主任老师在家委群里通知：根据学校检查要求，初中新生各班需要设计班旗班服，还要设计订制好跑操服。

班主任老师要求全体家委会成员，迅速开启头脑风暴，好好想想孩子班级的班名和口号，将来要印制在学生跑操服胸前的醒目位置，并且当天之内就要完成任务，以便班主任老师上报学校进行审核。

随即家委群里你一言我一句，瞬间变得热闹非凡。

有家长说，班名就叫“火箭班”，“火箭火箭，潜力无限”。

有家长说，班名叫“火箭班”，口号可以是“青春似火，超越自我，放飞梦想，创造辉煌”。

有家长赶紧提醒说，“火箭班”已经被同年级其他班先一步采用了。

有家长赶忙提议，叫“梦想班”怎么样？

有家长高喊起来：“火箭班”被用了，我们可以改叫“神舟班”，“高挂云帆，勇往直前，神舟翱翔，超越梦想”。

…………

看到家委们一个个的兴奋劲，开头提到的那个家长朋友，禁不住在群里泼了一盆众人眼里所谓的“凉水”：班名和口号，是不是应该让孩子们自己去想？他们才是班集体的一分子啊。

但是，群里依然七嘴八舌，大家仿佛对他的话视而不见，仍是在围绕“神舟班”还是“陆战队”，抑或“梦想班”哪个更好争相建言献计，争论得热火朝天，期望能够早点替孩子们做主，实现“神舟启航，载梦翱翔”……

那个家长朋友说，类似设计班名和跑操服口号的日常琐事，应是孩子们自己学习生活范围内的事情，为何就不能先听听孩子们的意见与想法呢？为什么一概都要由家委来帮孩子们做主呢？

世事常常是无独有偶的，倾听这番讲述后，我想起早些时候听到的另一个起草“班歌”的故事。

当时一位家长朋友谈到正在读小学六年级的孩子时，眼里满是对班主任老师的敬佩之意，因为班主任老师十分尊重孩子们，特别能够发掘小学生的积极性与创新力。

那位家长朋友说，那时孩子班里按照学校的统一要求，必须起草一首“班歌”。班主任老师接受任务后，并未找过任何一位家长帮忙，而是先开班会与孩子们讨论商量，共同筛选出电影《我的少女时代》的主题曲《小幸运》作为班歌的旋律；然后，再交由全班学生集体讨论填词。孩子们高兴地他一词你一句，边哼哼唱唱边合作填词，最后形成了全班学生人人张口会唱的班歌《小幸运》。

家长朋友赞叹说，这样一首“班歌”，即便整首歌词略显稚嫩，但里面每一个词、每一句话，肯定都是班里孩子们的智慧与心声。

两个案例相比较，孰优孰劣，相信读者诸君各有高见。

但有一个问题屡见不鲜却不容忽视，就是“越俎代庖”的现象，是不是做家长的只要出于“为你好”，就可以代替孩子们做主、包办？

这些年都在说要发展素质教育。记得某个新学期开学第一天，《南方周末》刊发评论《教育的初衷是孩子》清晰提出：“一切的前提，是尊重孩子，把孩子当成有权利与尊严的人。”

何谓尊重？行为心理学告诉我们，对孩子的尊重，应体现在保护孩子自身的知情权、选择权，懂得凡事要从尊重孩子的真实意愿做起。

在孩子成长的跋涉路上，但凡没有越过法律红线、触碰道德底线的选择，就要保护好孩子的知情权，接纳孩子“做自己”的想法，要保障好孩子的选择权而包容孩子“做自己”的抉择，避免孩子心智与价值观成长过程中总是出现“被自愿”“被选择”的现象，真正把自己的孩子当成一个有权利、有尊严的人。

因为，行为心理学的实验结果已经证实，自小没有被尊重过的孩子，成长过后往往缺乏尊重的概念，也难以学会尊重他人。正如《南方周末》的评论《教育的初衷是孩子》中特别提醒的：“今天孩子在学校所经历的一切，一部分会内化到他们的精神与人格之中，对他们的未来，对社会的未来，都会有不可低估的影响。”

时下发展素质教育，题中之义，无疑要从尊重孩子做起。

那么，平日孩子们自己可以选择、可以决定的事，类似上述班名、班歌等等，请还给孩子们自己处理，可以吗？

周末去补课还是下棋，你会让孩子选哪一个？

题记：多启发少说教，多讨论少批评。

有家长倾诉：班主任又来电话，询问刚上中学的孩子，为何没有按照学校的要求自觉报名参加周六上午的“培优补课”，希望家长好好教育、督促一下。

那个家长随后与住校读书孩子认真沟通商量，孩子却坚持说，在学校憋了一周，周六上午就不想再补课了，一定要去下棋。

孩子还调侃说，到时候家长可以看看，其实很多参加补课的同学，成绩也未必会比他强。

面对班主任的追问与孩子的希望，那个家长顿感自己被夹在中间，左右为难，既有困惑也有疑惑。

困惑的是孩子不参加周末补课，会不会与班里同学相比，已输在唯考试论的奔跑赛道上？

疑惑的是不让孩子周末去下棋，会不会让孩子感到受伤害，压抑孩子自我成长的梦想？

那个家长之问，我未立即作答，而是反问近期孩子周末下棋回来表现如何、反应怎样。

说到孩子周末下棋的事，那个家长两眼放光，说话的声调一扫早前的阴霾，当即升高了几个分贝。

那个家长说，孩子为了周末上午有整整半天的时间可以下棋，往往早上6点钟不到就自己设好闹钟，早早地爬起来做作业了。

刚刚过去的周末，孩子到棋室下棋回来，还兴奋地告诉家长，当天上午他与教练对弈，竟然赢了教练一局。教练说再来一局，孩子则回答今天不了，下回再来。原因是孩子觉得自己下棋难得赢了教练一回，要保持当天的好心情。

当时孩子也向家长坦言，自己心情好，往后几天做什么事都会顺顺利利。

听到这里，首先为那个家长不强迫孩子的养育方式点赞，起码在跟孩子打交道方面，没有强迫孩子。

正如前文中美国心理学家安东尼·比格兰对强制式教育所带来的危害的论述［详见《可怜当下读书郎（之一）》］，那个家长的孩子，叙说周末下棋可以给自己带来“心情好做事顺”的故事，也折射出宽容的学习环境更加有利于保护孩子的好奇心、好胜心，更加有利于培养孩子的求知欲，让孩子可以选择学习和自主学习，能够感到学习是一件很酷、很有成就感的事情，结果也会体现为孩子学习成绩的提高。

这一方面，2000年诺贝尔医学奖获得者阿尔维德·卡尔森关于多巴胺的研究成果亦已佐证，快乐生活、快乐工作，把亢奋和欢愉的信息传递，既有利于个人身心健康，也有利于提升学习、工作效率，常有事半功倍的奇效。

现代生理学与心理学常识也告诉我们，快乐能抑制所有负面的情绪，一旦你开始快乐地学习与工作，你就会一直顺势快乐下去，形成一个良性的循环。

其实，关于孩子周末是去补课还是去下棋，还有一个最易被忽视的心理健康问题：家长假若不懂尊重孩子，强迫孩子选择补课，孩子碍于家长的权威，被迫服从后，往往可能采用一种对内压抑自己的应对方式，若此情绪慢慢积累下来且没有及时疏导，孩子心理健康出现问题就难以避免了。

美国心理学学者Tracy在剖析当下抑郁症孩子明显增多这一社会问题时提醒：“做家长的，最好不要有一张永远正确的脸，尤其是面对青春期的孩子，不妨多点好奇，多点允许，多点自嘲，多点笨拙，多启发少说教，多讨论少批评，孩子们才不至于被桎梏太多，压抑太多。”

有个与孩子聊天的小窍门

题记：多倾听，少评判，提个问。

看了老友与八年级孩子的一段日常聊天视频，仿佛一语惊醒梦中人，原来，当下孩子与家长并非无话可说，亲子沟通的确有小窍门。

时下听到不少家长吐槽的苦恼之一，就是孩子与家长几乎无话可说，即使是有心事、有难事，孩子往往在家长跟前也是只字不提。

但在视频中，孩子与家长谈论科幻小说《三体》，叙说人类派出了一个探测器，将入侵的二千艘战舰几乎全部打烂的精彩片段时，眉飞色舞，滔滔不绝。

孩子为何可以？家长又为何能够？

夜来反复观看了数遍视频，暗暗思忖，感觉个中的亲子沟通诀窍，可能至少有三。

一是多倾听。

通观整个视频内容，家长大多时候是在默默地倾听，竭尽所能地做个忠实的听众。实际上，这也是家长对孩子说话、讲故事时应有的礼节与尊重。

二是少评判。

老友说，在倾听孩子谈论科幻故事情节，或是校园内外的生活琐事、趣事、囧事时，他常叮嘱自己，若非大是大非问题，做家长的耐心听听就是了。老友感悟最深的，也最为重要的，是与孩子谈天说地时，家长要尽可能控制住说教的冲动，否则会让孩子败兴，进而丧失与家长聊天沟通的欲望，同时也会堵死家长与孩子平日沟通的畅顺渠道。

三是提个问。

视频里面，听到孩子说“三体人”派出了一个探测器，竟然可将2000艘战舰全部打烂的神奇故事，做家长的适时提出了疑问：“为何一个探测器，就可把2000艘战舰全部打烂？”

面对家长的提问，视频里孩子饶有兴致地反问：“探测器，你懂吗？探测器能将2000艘战舰基本全炸了，就不可能只是单纯的探测器，肯定具备了什么功能……”

显而易见的是，家长在倾听过程中，偶尔向孩子提个问题，无疑会让孩子在思考如何回答的过程中，一方面激发探索客观世界的好奇心，另一方面满足好胜心。这样坚持下来，悄然之中也就培养、提升了孩子的求知欲和学习兴趣。

※ 秋色满园关不住，红妆十里竞争妍。正如大自然多姿多彩的秋色，生机“关不住”，活力“竞争妍”，让人对大自然有了更深的理解和尊重。

※ 成长路上的孩子胜似满园秋色，也需要父母的理解、尊重和帮助。人世间只有陪伴才能了解，才能理解，唯有陪伴才有共情，才有和解。因而，应舍得陪伴，陪伴无价。

第三章

秋之色

有时去帮助

陪伴无价

题记：沟通就是玩耍，玩耍就是沟通。

当下做父母最头痛的是什么？

无疑莫过于孩子的叛逆言行。

比如说，假期看到孩子不写作业，劝说提醒孩子吧，结果往往是适得其反；闭嘴不说吧，自己心里又憋得难受。

这两三年，但凡被问及孩子叛逆，做父母的要怎么办的话题时，我回答的第一条建议都是：可以回家去好好陪孩子玩玩吗？

“现在孩子读书的时间都不够用，怎么还能陪他去玩啊？”

“孩子叛逆的时候，你感到最痛苦的是什么？”

“就是说什么也没用，无法沟通。”

“对了，无法沟通是因为你们缺乏共同语言。”

其实，当下做父母的，要想与孩子沟通无障碍，最好的办法就是经常陪孩子玩耍。对孩子来说，沟通就是玩耍，玩耍就是沟通。

《南方周末》观察专栏刊发的《退学父亲与厌学儿子的

“和解”之旅》，讲述了辽宁丹东一位父亲辞职带14岁厌学儿子，驾房车4800公里游走中国的故事。

一趟旅程38天游玩下来，父亲发现儿子度过了叛逆期，开始变得贴心懂事；儿子则发现父亲的脸不再总“拉得老长”，而是“变短了”，自己也敢跟父亲讲话了。

也曾遇到东莞的一对高知夫妻，常常为在读小学的孩子的叛逆而头痛。

清晰记得当时是2019年，动漫影片《哪吒之魔童降世》正在热映，聊天时第一个问题就是问他们的孩子可有看过。

对方却一脸茫然，说整天早出晚归忙活，节假日还经常要加班，哪有闲暇工夫带孩子去看电影。

随后我建议他们赶紧陪孩子先去看看，如果孩子喜欢，多看一次也无妨，以后每周再忙也要挤出至少半天时间，陪孩子出去好好玩玩。

再后来，我发现这对高知夫妻的朋友圈里，渐渐多了陪孩子玩耍的图文分享。他们也反馈，原本孩子与父母几乎无话可说，如今父子、母子之间的互动话题渐渐也多了起来。

美国心理学老师者Tracy博士讲过，行为分析上有个说法：如果你的想法和行为是一致的，就会产生顺力；如果你内心的想法和实际行动不一致，会产生扭力。

好奇与贪玩是孩子的天性。做父母的若愿意陪孩子玩耍，双方志趣相投就会说话投机，共同话题由此接踵而来，无疑可以帮助孩子产生成长的顺力。

那对高知夫妻也察觉，节假日花时间陪孩子玩耍过后，孩子完成作业的速度与效果竟然出奇地快与好。

孩子在该玩耍的时候有父母陪伴可以玩得高兴，好奇心、好胜心都可得到满足的话，将带给孩子更多的自信心与求知欲。

愿意陪孩子游玩，还有治愈的奇迹。

电影《在世界转角遇见爱》，叙说了一个外公用棍棒将外孙赶下病床，与外孙共骑一辆协力车，从德国一路向着保加利亚去游玩的故事。

一路走下来，外公唤醒了外孙因车祸而失去的记忆，治愈了外孙的抑郁，让外孙重新找回生活的信心和勇气。

心理学上的共情理论，内涵之一是借助对方的言行去体验对方的情感与思维，同时运用技巧传达情感影响对方并取得反馈。

毋庸置疑，对于孩子来说，玩耍就是与之共情的最好切入点，即玩耍就是沟通。

《南方周末》报道的徐氏父子“和解”之旅中，徐家孩子是幸运的，因为父亲能够抑制自己内心的焦虑，肯为孩子尝试去改变，肯去陪孩子游玩。

实现实生活中，无论是父母与子女之间、夫妻伴侣之间，还是兄弟朋友之间，唯有陪伴才显亲密，唯有陪伴才能了解与理解，唯有陪伴才有共情与和解。

活着的意义在于陪伴。缘于，舍得陪伴，陪伴无价。

进出小区，你会让孩子与保安打招呼吗？

题记：子曰："爱人者，人恒爱之；敬人者，人恒敬之。"

进出小区，你会让孩子与保安打招呼吗？

因为兴趣而读书，近些年我参加了多个读书班，其间围绕国学经典与亲子关系，在多个不同场合，当面请教过一些家长这一问题。

得到的回答五花八门——有说会的，也有说不会的。

还有人反问："小区门口车来车往，为何要特地降下车窗多此一举？为何一定要孩子去与保安打声招呼？"

显然，此"打招呼"并非什么决定人生成败的细节，但若站在提升亲子关系、建设幸福家庭的角度看，所折射出来的思维理念与行为方式，仍值得做家长的深思与反思。尤其是老龄社会共同关注养老、孝老问题的当下，因为，父母老了，也是"孩子"，也是弱者。

行为心理读书班亦有老师解读过，凡人之行为，不外乎"事""情"两字。"事"是接物，关注研究过程与结果；"情"即待人，剖析如何对待自己与他人。

循此视角，无疑进出小区与保安打招呼这一日常小事，既是“事”（有过程有结果），也是“情”（待己待人），言行展现的是待人接物的一种心理写照。

我们自古崇尚“来而不往非礼也”。

如今居住在城市里的男女老少，每天进出小区，必定绕不开保安这个关口。时下住宅小区保安值班行为也日益规范，对进出居民一般都要问个好或敬个礼。而进出小区的你我他，对此是理所当然地视而不见，抑或有来有往回之以礼？

就此，我亦曾有过梳理。天天进出小区是否与保安打招呼，首先揭示的是如何对待自己。在没有任何强制外力苛求，也没有任何眼前收益诱惑的情况下，每天进出小区能够主动与保安打招呼，要么来自内心的“我愿意”，要么源于心底的“我需要”。

其次揭示的是如何对待他人。毋庸置疑的现实是，尽管年年岁岁都有劳动节，都有劳动不分贵贱高低的宣教，但相信认为某些职业低人一等的意识在部分人心中仍根深蒂固。因此，进出小区与保安打招呼，即便隔着车窗向保安微笑挥手，这一言行体现出来的都是一种态度、一种修养。

若再往深层一点思索，潜意识里所揭示的，也是一个人自幼是否在心中播撒下了怜悯之心、恻隐之心的种子。

过往也听广州有老友多次说过，自己从未刻意要求孩子去背诵什么国学经典名句，但街头偶遇乞丐，孩子要去给点零钱，老友必定会提醒孩子，要先把零钱折叠好，再走上去打招呼说声“你好”，弯下腰去放在乞丐面前，老友绝不允许孩子随手丢下钱就走。

偶尔雨天路遇城中村婆婆挑担卖菜，老友也会将婆婆担子里的瓜菜悉数买下来，与孩子一起背回家，再让孩子去分送给左邻右里。

老友说，这些看似小事，但只要家长与孩子一起做一回，可能胜过送孩子去读《菜根谭》、念《弟子规》百千回。

玉不琢，不成器。人不学，不知义。

孩子进出小区与保安打招呼，孩子将零钱平整好再给乞丐……这些都是凡人的后天习得性行为，需要孩子学习，需要家长引导，需要家长训练，最最重要的是需要家长的言传身教。假若家长进出小区时对保安不屑一顾，又岂可奢望孩子会与保安打招呼？

依照时下热衷的结果导向行为方式，日常进出小区与保安打招呼，既然是个“事”，就有过程也有结果，过程就是外在的礼数，结果就是内在的礼貌、修养。家长言传身教，孩子潜移默化，进出小区会与保安打招呼，这显然也是教导孩子感恩、孩子学会感恩的一种最简单、最方便的方法。

长此以往，结果大概率是孩子懂礼貌，至少可以做到古人“七施”中的言施（好话待人）、颜施（微笑待人）、眼施（善眼对人）……

其实，环顾左右不难发现，但凡懂礼貌的孩子，他们常常更加自信、表达能力更好，也更加受人欢迎。

而孩子懂感恩、有礼貌，将来面对日渐衰老的家长，敬老、孝老也就是顺理成章的事了。

日常进出小区让孩子与保安打招呼，除却孩子自身成长之外，排名第二的受益方非家长莫属。

这些年，随处可听到关于“智商高不如情商高”的论调。现实生活中所谓的情商高，实际上就是会说话，说的话让人舒服。

生活中的大门都没有上锁，建议家长自幼培养孩子对上以敬、对下以慈的礼貌习惯，帮助孩子去推开这一扇扇门。

因为，千百年来，我们既有“莫以善小而不为”的古训，还有“爱人者，人恒爱之；敬人者，人恒敬之”的子曰。

做家长的你，会要求孩子“不许哭”吗？

题记：世界卫生组织统计，90%以上的疾病，都和情绪有关。只要我们把控好情绪这一关，我们就可以不得病，不得大病，少得病，晚得病。

2023年一期《南方周末》自由谈专栏，有《“幸福课”会让我们幸福吗？》一文，探究“负面情绪是否必须消除或掩盖？”文章指出，刻意掩盖负面情绪只是一种徒劳的自戕，强行营造幸福感，负面情绪不是消散了，而是被隐藏和压抑了。

如果我们时常被告知哭泣就是不坚强，生气就是不大度，委屈是因为不够洒脱，那么这些原本应该被释放的情绪，就像砂石一样沉积在了心底，久而久之灵魂就会不堪重负。

不断地压抑负面情绪，最终导向的是自我否定，就好像觉得房间不干净，便把垃圾扫到一个没人看见的角落，假装它不存在一样。垃圾不会消失，只会逐渐铺满整个屋子，让“真实的自我”再也没有立足之地，最终可能会导致内心的房屋坍塌，或是引发一场情绪的大火。

环顾左右，有一种常见的现象，就是平日孩子或委屈或痛苦想哭时，家长往往习惯性地要求孩子：“不许哭。”

在下亦做家长多年，也是参加行为心理学读书班后才明白，原来死猪才会不怕开水烫。从心理健康角度出发，总是要求孩子“不许哭”，并非养育之上策也。

北京中医药大学教授、首都国医名师郝万山说：“世界卫生组织统计，90%以上的疾病，都和情绪有关。只要我们把控好情绪这一关，我们就可以不得病，不得大病，少得病，晚得病。”

我国传统中医早有定论，关于情绪对五脏六腑的影响，古人概括为“怒伤肝、喜伤心、思伤脾、忧伤肺、恐伤肾”。

现代的临床心理学家则普遍认为，身体是不会说谎的，身体忠实地帮我们贮存所有的情绪，疾病只是上天给予我们的另一种形式的爱，它提醒我们要从总是压抑情绪的错误中醒来。

其实，每个人都有情绪，都要找到适合自己的方式及时宣泄出来。

若是有了情绪一味地藏着掖着，最终情绪在体内日积月累下来，往往会对身体健康产生致命的影响。

细看、细数地球村的男人，为何平均寿命历来都输给了女人，可能传统文化总在颂扬“男儿有泪不轻弹”也是个中缘由之一吧。

因此，假若是吾做家长，孩子情绪爆发想哭，就会顺其自然让孩子痛痛快快地哭出来，但也不能冷落孩子，要顺势而为地陪伴、拥抱，让孩子的情绪大火尽可能快地自生自灭。

毕竟，孩子能够哭出来，肯定比欲哭无泪或哭不出来要好，对吧？

你家快递丢了，会将涉事小孩的视频发上网吗？

题记：孩子是花朵、是未来、是希望，需要你我牵挂，需要你我培养，需要你我爱护。

我居住的小区有个业主微信群，曾有邻居在群里吐槽，明明快递员发来图片信息，说快递已经送到住户门口了，自己回家却总是找不到，只好在群里问是不是谁拿错了快递。

一次，又有一户中间楼层的业主，在群里问邻居是否有谁拿错了快递，说是他家有两份快递又不见了。

后来群里未见有反馈信息，该业主当天晚上还挨家挨户地上门问询，仍然是无果。

又过了两天，该业主在微信群里发了两段视频。

视频里面，清晰可见有一名身穿某小学校服的孩子，进了电梯以后，逐个楼层按键停顿，逐层开门出去查看；当上到中间楼层时，这名孩子开门查看又返回电梯后，手上就多了两个快递小盒；随后孩子将快递小盒娴熟地装进身后背的大书包里，按键乘坐电梯直接回到了高层的家中。

这个涉事小孩的视频一出，邻里微信群里立马就炸了开来："原来最近小区里接二连三发生快递失踪的现象，不是有谁拿错了，而是有人在偷拿啊。"

左邻右里们众说纷纭，很快就此议论开来。

有人惊讶："这个孩子一看就不是第一次偷了。"

有人愤怒："这种偷窃行为有点过分，要报警。"

也有人包容："不要跟孩子太计较，可以跟家长沟通，批评教育一下。"

还有人疑惑："小区监控室这样轻易地将视频传出来，由受害业主发上网，会闹出大事的……"

我在旁观、在倾听，内心既为那个孩子的劣行感到悲伤，也为小区好邻居的清醒感到欣慰。

因为，邻里微信群里上传有涉事小孩的两段视频后，随即就有邻居在群里发言提醒，一定要跟小区监控室说，决不允许轻易把监控视频传出去。

有业主还言传身教地讲述，自己是开办幼儿园的，如果家长要调取日常监控视频，规范要求必须有第三方的派出所警察在场。

也有邻居在群里提醒，物管公司与丢失快递的业主，完全可以邀请涉事孩子的家长到小区监控室去共同查看视频，大家沟通解决问题，完全不必将涉事小孩的视频发上网，也完全忘了还要保护孩子的自尊心……

当时在群里，就有多名业主发言表态，自己保证不会外传涉事孩子的视频，要给机会孩子改正。

针对涉事孩子偷拿邻居快递的行为，无疑涉事孩子及其家长都应受谴责、应该被教育。

但孩子偷拿快递是一回事，保护未成年人权益又是一回事，一码归一码，两者不可混淆。

《中华人民共和国未成年人保护法》是1991年颁布实施的，至今已经30年有多。可遗憾的是，类似上述自家的快递丢了，一番寻根问底过后，动辄就将涉事孩子的视频发上网的“示众”思维和“示众”现象，环顾左右仍然并不鲜见。

这种“示众”的思维方式与行动方法，一方面有违《中华人民共和国未成年人保护法》中有关处理涉及未成年人事项时，应当坚持最有利于未成年人的原则，给予未成年人特殊、优先保护之条款精神，另一方面也极易挫伤孩子的自尊心，让涉事孩子从此被“戴帽子”，往往还会产生破罐破摔的心理伤痕与坠落行为。

尤其是在当下的智能网络时代，碰到类似自家快递丢了的问题，当事者与管理方在调取、使用涉事孩子的视频内容时，万万不可忘了《中华人民共和国未成年人保护法》第七十二条之规定：“信息处理者通过网络处理未成年人个人信息的，应当遵循合法、正当和必要的原则。处理不满十四周岁未成年人个人信息的，应当征得未成年人的父母或者其他监护人同意，但法律、行政法规另有规定的除外。”

都说孩子是祖国的花朵、国家的未来、民族的希望，需要你我牵挂，需要你我培养，需要你我爱护。

祈祷祈愿，在未成年人的家庭保护、学校保护、社会保护、网络保护、政府保护等方面，类似的“示众”现象不再，而给予未成年人特殊、优先保护，尊重未成年人人格尊严的学法意识与用法行动，都可做到大处着眼、小处着手。

也有邻居质疑，如果是成年人的监控视频，是否就可以发上网了？

就此话题，我专门征询过一位老友，南京航空航天大学法学院的何邦武教授。

何教授明确答复，即便是涉及成年人的监控视频，小区物业把监控随便传出去，也属于侵害相关业主的隐私，涉及《中华人民共和国民法典》和《中华人民共和国个人信息保护法》中的隐私权保护条款。

显而易见，随意将监控视频发上网，既是侵犯个人隐私的民事侵权行为，也有可能涉及侵犯公民个人信息罪的犯罪行为。

读者阁下，假若你家快递丢了，会将涉事者的视频发上网吗？

孩子说谎了，家长怎么办好?

题记：好好说，给孩子一颗定心丸；
　　　好好聊，给孩子一粒勇气糖。

有家长诉说：自己又冲孩子发火了，感到很不舒服。

因为，孩子又撒谎了，一个星期安排五天下午课后去学习游泳，实际上只游了一天。

家长说，每天开车大老远送孩子去（游泳馆练习），再回家做饭，傍晚六点半再去游泳馆接孩子回家。

可是，当天游泳馆教练发信息问家长："孩子是否病了？几天没见到孩子来游泳了？"

家长说，读到信息的那一刻，自己偷偷地哭了。

家长还吐槽说，这孩子很懒，每天只喜欢睡觉……

诸位看官，假如你为人父母，假若你的孩子说谎了，你会咋办?

发火痛骂一顿?狠心惩罚一顿?还是……

其实，但凡世人都有趋利避害的心理、行为，几乎设有小孩或大人之分。

若是说谎能够带来好处，反之则会有坏处，首选项肯定多是利己之行为。

当下，遇到孩子说谎，做家长的要做的第一件事，并非着急指责批评孩子，而是先要问个为什么——

为什么孩子会对家长说谎？

只有弄清楚孩子撒谎的内心想法，下一步思考琢磨怎么办时，与孩子沟通引导的方式方法才能对症下药，才可切中要害。

比方说，上文提到的这个家长，是否需要问问孩子，报名去游泳一周五天却只去了一天，是否凑巧女孩子来了例假不方便游水？

还有，过往孩子倘若做错事时，家长是否曾不分青红皂白，动辄破口大骂批评孩子，甚至于体罚孩子等现象？

有家长在咨询时提出，当孩子做错事时，冲孩子发火，是严肃表明家长底线、边界的一种管教方式。

毋庸置疑的是，家长及时告知孩子说谎是错的，在养儿育女的过程中既有需要也有必要。但面对孩子撒谎时，更加重要的是，家长务必知己知彼，要弄清楚孩子为何撒谎，这个才是问题的症结所在。

那位家长又问，不断发现孩子有说谎行为，作为家长，要咋办才好？

答曰：好好说，好好聊。其实，冲孩子发火的话，除却家长自损身心健康，让自己感到很不舒服，大多是于事无补的。

因为，好好说，家长才能给孩子一颗“定心丸”。

家长可以清晰地告知孩子，自己当年成长路上偶尔也会做错事，类似问题在所难免，也情有可原，只要原原本本告诉家长，家长肯定会包容孩子，更会帮助孩子改正，但因而说谎则是错上加错，将来必定要受累、要受罚。

因为，好好聊，家长才能给到孩子一粒“勇气糖”。

只要孩子知道偶尔犯错，明明白白告知父母过后，家长会来帮助自己，寻找原因改正过错，那么，遵循趋利避害的行为、心理，孩子就不用担心不会害怕，也就有勇气不再对家长说谎了。

顺势而为，紧接着家长还可以尝试让孩子来自定预防说谎的行为规则，让孩子来自定说谎的处罚标准……这样一来，做到不说谎的规矩由孩子自己定，家长余下的职责只是帮助孩子，督促孩子兑现自己的诺言而已。

说到这里，这位家长瞬间沉默起来，未知是否也在沉思……

养儿育女，你会与孩子讨价还价吗？

题记：可以讨价还价，是机会更是希望。

暑假又至，家长吐槽最多的是，如今的孩子放假回来，整天窝在家里，真的好难管，多希望孩子天天都能在校读书，可以省去许多烦恼。

每当听到做家长的如是倾诉，我习惯上都会顺口送上一句话：你有没试过与孩子讨价还价？

与孩子讨价还价？好多回我会立刻听到这样的反问：“我们做父母的，还需要与臭屁小孩去讨价还价吗？”

每一次我给予的答案也只有两个字：是的。

因为，任何一个孩子的成长路上，在生活上、学习上都少不了会有这样那样的问题，需要得到家长的帮助与支持。

而孩子请求家长帮忙的每一件事，其实就是在给家长拱手送上一个教育培养孩子的好契机，前提是做家长的能够抓住机会，要善于去与孩子讨价还价。

就拿当下家长最为头痛的孩子玩手机现象来说吧，2023年暑假，身边有个家长与孩子讨价还价的做法，值得琢磨，值得借鉴。

这个家长的孩子就读七年级，吵嚷着要买手机已有三四年时间了，这个家长一直坚持不允，缘由也是害怕孩子有了手机，会沉迷玩手机游戏而耽误了学习。

2023年7月上旬刚放暑假，有天早上这个家长起来，发现孩子早已等候在客厅，孩子将写好的两张A4纸摆在家长面前，又诉说全班同学就剩他一个没有手机了，要求今年暑假无论如何给他买个手机。

这个家长说，孩子递上来的两张A4纸，一张是手写的手机使用规则，共有8条，另一张是暑假作息时间表。

当这个家长拿着孩子手写的两张A4纸，前来问我究竟要不要给孩子买手机的问题时，我两次“秒答”的都是一个字：“要”“买”。

第一次回答这个家长的疑惑时，给出“要”给孩子买手机的理由是，时下面对手机，家长不能因噎废食。

孙中山先生说过：“世界潮流，浩浩荡荡，顺之者昌，逆之者亡。”

当今大数据、人工智能时代，手机已经成为大家日常工作与生活中必不可少的随身工具，无疑也是孩子接触认识高新技术产品的快捷方式之一。

循此视角，拥有使用手机与否，某种意义上也代表一个人是否落伍于时代。实际上，手机除却玩游戏之外，还有微信与QQ、百度与360、抖音与快手等，古人所说的“秀才不出门能知天下事”，如今就在这一部巴掌大的手机里面梦想成真了，应有尽有了。

之前就见识过多个四、五、六年级的在校小学生，说起时下热点新闻、焦点事件，娓娓道来，如数家珍。探究缘由，原来孩子们大多是通过手机知道的。毋庸置疑，手机用好了，肯定也是孩子拓宽视野、增长见识的一个好工具、好帮手。

我第二次回答这个家长的疑惑时，给出现在就要给孩子“买”手机的缘由是，手机还真不是问题，真正的问题是如何用好手机，何况这又是孩子拱手送上的一个教育良机。

当时提醒这个家长首先要关注的是，孩子为了买手机而主动自拟自我约束规则，是一个如此难得的教育良机，机不可失；接下来家长要做的只有一个事，就是与孩子讨价还价，最终与孩子达成自律协议。

比方说，孩子自己拟定的8条手机使用规则里面，有哪些条款需要更加清晰地界定，有哪些条款需要绑定学习目标，等等……

这样一来，与孩子讨价还价，最终达成承诺协议的做法，蕴含的养育规律与收获的养育效果，至少有三个方面：

一是从小培养孩子相互平等、相互尊重的处世原则。

这个家长在与孩子讨价还价时，需要做到平等协商，需要尊重孩子的知情权与选择权，需要清晰地告知孩子不给他买手机的原因是什么，可给他买手机的条件又是什么，最后再把选择权全数交还给孩子。

这个家长说，孩子原本自拟的手机使用规则中提到，考试成绩如果掉出年级前一百名，就上交手机给家长两周。而这个家长则告知，不能影响学习，还要促进学习，才是给孩子买手机的双赢目标，希望以当年7月的期末考试成绩年级排名前六十名为标准，往后期中和期末考试都要保持以上成绩，每后退一名则一个月内不许使用手机，后退两名则两个月内不许使用手机，以此类推。

后来，双方多次讨价还价，最终形成的手机购买与使用承诺书约定，还是以当年7月的期末考试成绩年级排名前六十名为基准数，往后每后退十名则没收手机一个月，后退超过十名则要到下一次月考成绩考上基准数方可拿回手机使用。

这个家长事后感慨，经过与孩子几番讨价还价，无形之中，家长与孩子之间增进了尊重与信任，都会养成契约精神。因为，想要孩子守信守诺，无疑家长自己先要做好榜样，说到做到。

二是从小培养孩子信守承诺的自律习惯。

好奇贪玩是孩子的天性，管不住自己也是孩子的通病。与孩子讨价还价签订协议，实际上就是让孩子自己学会管理自己，自己确立行为目标，最终变“要我做”为“我要做”。

这个家长说，与孩子达成协议的第一周，孩子也有贪玩现象，监测发现周末连续两天使用手机超时。对此，这个家长不用再像往常那样去斥责批评，只是提醒一下承诺书的相关条文，孩子随即就按承诺条款自觉将手机送交家长保管了两天。

还有，孩子承诺绝不会使用手机做违法的事情，而这个家长也向孩子许诺，尊重孩子的隐私，手机密码由孩子设置，但如察觉有违规现象，孩子要配合解锁手机给家长检查。

提到玩手机游戏，这个家长也说，自己原本希望孩子不玩充值游戏，但孩子反驳说，一些游戏部分功能是免费的，不用充值也能使用。所以，最后承诺书约定是玩任何游戏都不可花钱充值，一旦违规立即没收手机365天。

三是从小培养孩子学会付出的思维习惯。

这个家长说，孩子2023年暑假买手机的条件之一，是要使用孩子现时所有的压岁钱存款2000多元，还有未来2个月时间不再要求妈妈给定额零花钱，余额不足再请家长先行补够。

同时，孩子为了争取积极表现，自己也主动制定了一份暑假作息时间表，详细安排好每天的读书、健身与玩耍时间。

记得2023年暑假时间快要过半时，这个家长说，现在看来，孩子自我拟订的暑假作息时间表内容有执行有落实，希望长此以往，可以有助于孩子既养成“承诺即责任”的意识，又懂得凡事都不可能不劳而获，慢慢也要学会付出。因此，这个家长说，从2023年暑假开始，还要求孩子每天承担下楼丢垃圾的任务。

与孩子讨价还价，只是家长教育培养孩子的沟通方法之一，但能够这样沟通，至少说明家长与孩子之间还有话可说，还能有商有量，这就是孩子成长的机会，这就是孩子成长的希望，对吧？

孩子年终考评受委屈要跳槽……

题记：

——看见自己，窥见未来。

——焦虑赋予我们的，应是专注力。

世间事，总是无独有偶。又到岁末年初，接连听到两宗为人父母的烦恼个案，都在叙说，参加工作第一年的孩子，对首次年终实绩考评颇感委屈，回来见到父母，就嚷嚷过了年要“炒自己鱿鱼”，要跳槽。

两宗个案详情大同小异，两个大学毕业的孩子都挺优秀的，都是通过竞聘考试，成为让不少同龄人羡慕又嫉妒的办公室白领人士。

做父母的说，这一年来，孩子也十分珍惜当下来之不易的就业机会，总是看到孩子生怕拖团队后腿，只要单位有召唤，日常听闻的什么“白加黑”“五加二”“724”“996”，孩子几乎是一样不漏，也总是乐此不疲。

直接竞聘到大公司的一个孩子，仅仅半年多的时间，没有接到要求也没有上级吩咐，自己挤时间，跑遍了全城，到公司十多个属下网点进行调查，还登门拜访了当地的全部经销商代表。

而孩子所在部门的经理，说起来反倒自感惭愧，说自己两三年了仍有好多经销商代表的名字叫不上来。

另有一晚，某个网点与供应商爆发冲突，部门经理刚好出差在外，那孩子作为部门代表，坚守在冲突现场，默默陪伴在供应商身边，直到午夜，即使又冷又饿也未离开半步，让好多个供应商觉得不太好意思，后来也就相互让步，答应重新回到谈判桌上。

另一个孩子所在部门的宣传推广业务实绩考核，原本长年排在后几位，孩子接手负责后，仅仅半年多，实绩排名在几十个分公司里就跃升到前十……

有了这一个又一个看得见的实绩，这两个孩子在年终个人实绩考评时，总以为有付出就会有收获，虽然作为新人，不期望拿“优秀”，至少也该有个“良好”吧。

未料结果却是一盆凉水，两个孩子的上级给出的考评都只是“合格”，相应的年终考核奖励金也就少了一大截，孩子看到立马蒙了。

下班回到家，两个孩子都向父母嚷嚷说，公司领导太欺负人了，过完年自己要辞职。

对此两宗个案，做父母的意见却是完全相反：

一说理解支持，认为孩子刚参加工作就受委屈生闷气，做事热情将锐减，换个环境也许有利于自信成长……

一说斥责反对，认为孩子刚步入职场要受点挫折吃点亏，如何直面压力，怎样善用焦虑，人生职场第一堂痛苦课，谁也不可避免，谁也无法躲避……

古往今来，都说人生不如意事十有八九。

这里的不如意事，就囊括了老、中、青、少各个阶段，几乎无一幸免。

面对孩子年终考评受委屈就要跳槽而烦恼而焦虑的父母，我甚为佩服心理学学者的智慧——当下未有作答，而是先邀请做父母的与孩子相约前来，一起观看斯坦福心理学教授Kelly McGonigal关于《如何与压力做朋友》的演讲视频，一起聆听Kelly教授为压力拍手叫好的跟踪调查故事……

就这样，心理学学者默默陪伴，帮助痛苦的孩子与焦虑的父母，慢慢去感受，渐渐去感悟。

两段视频细细观看下来，做父母的说，Kelly教授通过实验调查得出——“真正有害的，从来不是压力本身，而是我们认为‘压力有害’的想法”这一结论，而年终考评受委屈就嚷嚷要跳槽的孩子说，记住的是Kelly教授善用焦虑的论断——“焦虑赋予我们的，是专注力”。

实际上，仅仅观看一个视频、聆听一个演讲，并不一定能马上懂得什么，立马信心倍增甚至元气满满，但也许会让刚刚步入职场的孩子，找到一个更平静、更平常的出发点。

缘于，类似职场的努力与得失，往往不可避免，也无法躲避。

万事开头难，当下仍是独生子女步入职场的黄金季。

若是年终考评受委屈就要跳槽，通过做父母的守望与劝谕，孩子的专注力更应该聚焦在哪里，自然不言而喻，清晰可见。

因为，当下的孩子都是聪明人，只要给个镜子，就可看见自己，也可窥见未来，或跳槽或坚守，都是选择，都有因果。

时下大学生有一种困惑

题记：人生没有两全其美。

一个大学生的困惑：对学校比赛结果有异议，该怎么办？

岁末年初，偶遇一名熟识的大学生。闲聊起来，听到的却是当下大学生憋在肚子里的一种困惑。

原来，学校举办了新时代大学生走基层大调研课题比赛，这名大学生与几个同学组成一个调研课题组参加，展开了为期半年的走基层大调研。

早些日子，校园网上公布了初选入围的12个课题。

可是，到了比赛最后一个环节即课题公开答辩当天，这名大学生却发现凭空多了第13个课题组参加答辩，而且是初选评分远远落后的一个课题组。

这名大学生当时就纳闷，按照公示的初赛分数排名，再怎么也轮不到这第13个课题组，他们是如何插队进来的？

当天现场公开答辩的情况，也证实了这名大学生的疑问。

主考官向这第13个课题组提的第一个质疑，就是他们的调研成果，根本就不像走基层大调研得来的。

即便他们宣称调研成果是“基于×××个案例分析得来的

研究发现”，但上网稍做查询即可发现，这些案例都是从某数据库里面下载的，几乎找不到一个他们自己走基层调研得来的真实案例。

公开答辩过后，这名大学生预测，等待这第13个课题组的结果无疑是被刷下来。

但是，随后公布的决赛成绩，这第13个课题组竟然后来居上，获得了二等奖。

这名大学生说，当宣布成绩那一刻，自己就想举手站起来当场表示异议。

可看到台上正襟危坐的一排人，被冲动膨胀起来的自己当即又泄了气。

当次比赛，调研课题评分是初赛占比70%，决赛占比30%。

这名大学生说，让他很快放弃想要起身提出异议念头的，首先是决赛的具体评分当时未现场公布。猜想若是这第13个课题组的幕后操盘人，能够将他们的决赛分数拉高，那么自己提出异议也是白费，只会让现场评委们感到难堪，也会让自己进退两难。

还有更加无法躲避的现实是，这第13个课题组的指导老师就是这名大学生现在的必修课老师，他说自己担心若是得罪了老师，将来没有好果子吃。

还有，当时台上正襟危坐的还有学校领导，还有学生会的师兄师姐，这名大学生说，当时自己也没有想好，心中甚为忐忑——

能不能得罪他们?

敢不敢得罪他们?

尽管这名大学生参与的课题组这次也拿了奖，但比赛结束后，他一直在责问自己，当时没有起身提出异议，是否代表一种逃避？今后再遇到类似的比赛现场情况，自己应该怎么办才好?

现实生活中，诸如这名大学生这样的困惑与烦恼，但凡职场中人都难免遇到。

大学生最后也问我：“假如当时是你在场，你会怎么办？”

是啊，既可表达异议又要两全其美，可有如此妙招?

看官诸君，期盼高见。

张总家保姆的儿子想留洋……

题记：孩子的自信心，永远比金子重要。

要说养儿育女，哪个做父母的不是对孩子抱有信心、充满希望？这是相信相信的力量，相信相信的奇迹，在此毋庸多言。必须说明一下，这里所说的“信心”，是指孩子的“自信心”。

吾今为何要颇费笔墨这样说说，缘于遇到了一位同学与听到了一个故事。

遇到的一位同学，是江对岸心理读书班的同学。

同学见面就说了他接访的多宗在校学生心理咨询个案，有抑郁厌学的，有网瘾逃学的，也有焦虑停学的，还有产生了轻生念头的……

谈到个案接访心得，同学也有一个困惑：相比上几代人，当下孩子成长路上，最为缺失的究竟是什么呢？

是吃苦太少，还是生活太过顺当？他们往往呱呱落地起就有三个以上的两代长辈在围着照顾，生活上几乎不用担心也不用费心，按说应该不缺安全感……

听了心理读书班同学的疑惑后，我当时就想到了一个故事，老友张总家保姆的儿子想留洋的故事。

保姆的儿子想留洋？不是天方夜谭，而是相信奇迹。这个故事，近些年与老友张总相见时，他给大家讲述过好几回。

张总说，他家保姆有个男孩D，读书偏科，英语成绩不错，其他成绩一般，中考后进了职业中学。

男孩D喜欢打球，常常独自跑到体育场去锻炼。

一次偶然的机会，男孩D在球场上认识了一位在当地企业担任高管的美国人，一来二往，他俩就成了要好的球友。

某天打球的时候，美国球友随口问男孩D有没有想过去美国读书，若是想去的话，他可以提供帮助。

平静的湖水，霎时被投进了一颗石子。男孩D回家以后，当即与母亲说了要去美国读书的想法。

男孩母亲做保姆的收入，是家里唯一的经济来源。母亲和亲戚听说之后，都觉得男孩D的想法是天方夜谭。

可是，男孩D却在悄悄努力。在没有任何外来指点与帮助的条件下，他独自通过网络查询与沟通，着手逐一准备各种赴美求学的签证申请资料。

张总惊讶地说，真是出奇，这件大家都觉得没有任何希望的事，男孩D竟然只用了短短的两个多月时间，凭一己之力就顺利申请到了美国求学签证。

那一天，保姆带着男孩D来到张总家说，美国球友答应帮助男孩D去美国读书。签证下来后，美国球友说他个人的能力有限，只能资助男孩D一年的读书和生活费用，往后的，要男孩D

自己想办法去解决。

张总听说后，佩服男孩D的自信与勇气，当即慷慨解囊，答应支持男孩D在美国一年的读书和生活费用。

男孩D听了，当场表示，剩下的费用，相信自己一定有办法解决的。

就这样，男孩D兜里揣着仅够两年读书和生活的费用，就远赴美国追梦了。张总还说，男孩D在美国学习期间，还写信到北京某大型出国留学培训机构，介绍自己的留学故事，竟然获得该机构的形象代言宣传角色，又换来了一年的读书费用。

目前，男孩D已经在美国完成了中学学业，正在通过课余假日打零工积攒费用，继续修读完成大学学业。

张总说，听说男孩D假期回来过一次，原来就读的职业中学还特地邀请男孩D回去，给全校师生做了一场励志求学的讲座。

讲完老友张总家保姆的儿子留洋的故事，回到本文开头心理读书班同学的困惑。我认为，当下孩子成长路上，最为缺失也最为重要的，应是自信心。

现实生活中，不管原生家庭条件如何，孩子成长路上必定会碰到这样那样的困难与问题，正所谓“富有富的烦恼，穷有穷的忧愁”也。

站在心理健康的角度看，成长路上遇到问题、难题，其实都不是问题，问题是孩子面对问题的态度与化解难题的信心；有信心，自然会千方百计地找寻解决方法，自然会百折不挠地坚持到最后一刻。

类似男孩D这样自信心满满的孩子，自尊心也是不容易受伤的。因为，自尊心与自信心两者相辅相承，自信心强者往往会走世上没人走过的路，明知不可为而为之，明知不可为而敢为之，常可创造奇迹。

心理读书班的同学又追问，孩子的自信心要如何培养？

记得东莞市心理咨询师协会张光辉老师说过：“相信是一种能力，相信的背后关乎安全感。”

其实环顾左右不难察觉，自幼有安全感的孩子，自信心明显会比同龄人强。综合多个心理学学者的解读可以得出：孩子的安全感，来自家长的陪伴、包容和鼓励，源于孩子成长路上的被爱、被认同、被接纳、被关注、被理解与被需要。

养儿育女，孩子的自信心永远比金子重要，阁下是否认同？阁下可有关注？

孩子突然被全班同学孤立，原因是……

题记：你家孩子在校会“打小报告”吗？
　　　你会支持孩子“打小报告”吗？

有家长在微信朋友圈诉苦，说自家在校的孩子，新学期忽然被全班同学孤立了，一时半会要转学不易，想转班也难，家长与孩子都感到甚为苦闷。

那家长还问：感觉自家孩子在校没有做错什么，为何会被全班同学孤立，遭遇冷暴力式的校园欺凌？

邯郸三名初中生霸凌同学并将其杀害挖坑掩埋的案件发生后，中小学校园欺凌问题无疑成为时下舆论关注的一个热点。

因此，我也好奇上述家长在校的孩子，为何新学期会无缘无故被全班同学孤立起来？莫非全班同学都在集体欺凌冷暴力那个孩子？

周末难得找到机会，问了与被孤立的孩子同班的学生K，为什么他们全班同学要集体孤立他人？

学生K却反问：“你想知道，那先去问问他啊，问问他自己做了什么好事。”

再三追问，学生K才慢慢逐一道出缘由。

原来是新学期开学没多久，被孤立的孩子曾经直接到校长室，当面向校长“打小报告”，反映他们班有同学上课不认真、偷偷说话，自习课做作业时常也有嘻哈玩闹现象；孩子还向校长提交了一份他们班上课不遵守纪律的同学名单。

当天，名单上的几个同学，就被全数叫到校长室，接受了校长长时间的批评教育。同时，班主任老师也被叫到校长室，与名单上的几个同学一起被狠狠地训了一顿。

学生K不无痛心地说，他们的班主任老师在校长室当场就哭了。

学生K语气厌恶地说：“他这样动不动就找校长打小报告，你说让人讨厌不讨厌？谁还会去理他跟他玩啊？”

学生K还说，过后他们班就解散了原来的微信同学群，另起炉灶新建了一个群，将打小报告的那个同学“踢”出去了……

据说，孤立也是目前中小学校里常见的一种校园欺凌方式。但不论何种理由，校园欺凌肯定是错误的，也是需要遏止的。

听了学生K的一番叙说过后，反观那个突然被全班同学孤立的孩子，假若我是这孩子的家长，可能会反思一下，也要在自家孩子的身上找找原因。

因为，心理学上有“同理心”概念，是指能够体验和理解别人感受、情感和想法的能力，对于人际交往和社会发展都具有非常重要的意义。

具体到现实生活中，同理心的行为表征，重在“设身处地”，重在“换位思考”。

显而易见的是，那个突然被全班同学孤立的孩子，听说有动辄找校长打小报告的习惯做法，是行为心理学中同理心缺失的表现。

有心理学学者说过，孩子成长时期缺乏同理心，长大了往往也会存在共情能力的缺失。

一个人若是自小就没有同理心，没有共情能力，内心何来温暖？又何以温暖他人？

假若学生K所说都是实情，那么，开头诉苦的家长在找学校沟通求助的同时，显然也需要与自家孩子好好谈谈，教育引导孩子自小培养同理心，学会设身处地，学会换位思考，更好地理解和支持他人，增强互信和共情，提升人际关系质量。

打小报告属于后天的习得性行为。孩子自幼养成打小报告的习惯与否，或许没有对错，但是必有因果。循此视角，为孩子身心健康成长，打小报告的习惯做法，值得思量亦应慎之。

人世间的温暖，是由人与人之间一点一滴的爱组成的，无关乎年龄大小。

感同身受就是爱，换位思考则温暖。

※ 孤舟蓑笠翁，独钓寒江雪。冬天洁白无瑕的世界，如一张白纸般的孩子。

※ 家长是孩子人生的第一任老师，孩子是父母称职与否最好的考官。孩子就是未来，当下温暖的孩子长大了，未来的社会才不会有冬天。

第四章

冬之韵

总是去鼓励

两份合约，两样童年

题记：幸运的人一生都被童年治愈；
　　　不幸的人一生都在治愈童年。

一个偶然的机会，我见识了两份小学生与父母签订的合约文本，因而感叹过去、现在与将来，童年仍会有幸运与不幸之分！

因为，童年之幸与不幸，其实与外在客观条件没有必然的因果关系，却与家庭内在养育观念直接关联。

先看到的，是一份感觉挺吓人的小学生承诺书。

承诺书是三年级小学生依照父母的要求用表格书写的，说要“请大家监督他，帮助他改掉坏习惯”，他为此书面承诺有“十不准”——

不准对老师发脾气、说脏话，否则罚跪4小时，做饭一个月；

不准课堂走动、讲小话，否则罚跪2小时；

不准课堂坐姿不端正，否则回家面壁2小时；

不准对老师对同学生气翻白眼，否则面壁1小时；

…………

后来了解到的事情原委是，这个小学生上课时常乱说乱动，扰乱课堂纪律，影响同学学习。

前些日子，这个小学生上语文课再次喧哗，扰乱课堂，学校通知家长前来接孩子回家，要求孩子转学。

苦于没有学校愿意接收中途转学的学生，家长只得出此下策，暂时让小学生停课在家，对孩子“劳动改造”几天，要孩子每天早上五点半起床，为全家做早餐并承担部分家务，包括一天三餐的切菜、洗衣服、拖地、整理房间，还被禁止吃肉，每天要背诵《弟子规》。

还听说，这个小学生的父母亦在反思，即使家庭教育如此严格，由于工作繁忙而把孩子从小送去学校寄宿，平日陪伴时间不够，因此孩子很多坏习惯没有及时被发现，孩子学会了很多他自己根本不知道什么意思的脏话。

送孩子去学校寄宿，这是孩子父母反省时最后悔的一件事，为此还带着孩子去找过心理医生。

无独有偶，我又看到了老同学在微信群分享的一份父女刚刚签订的保证书，具体条款有四项：

1. 爸爸严禁吸烟。

2. ××（女儿名字）严禁玩手机游戏。

3. ××偷玩手机游戏，发现一次打屁股十下。

4. 爸爸偷抽烟，发现一次，××可玩手机游戏一小时。

读后找老同学私下闲聊。老同学说，在读小学四年级的女儿近段时间玩手机有点上瘾，一有空闲就想拿爸爸的手机玩游戏，说了很多次也控制不了。

一天晚上喝了点酒，老同学随口跟孩子说：“你戒游戏，爸爸就戒烟。”

次日一早起来，孩子就问他：“是不是真的？”

老同学只能顺势答应了，接着父女俩就工工整整地签订了这份“平等条约”。

老同学说，这个名其实签得有压力，也算是互相折磨一下，但他一定要听孩子的，不破坏协定。

上述两份合约，都是孩子亲笔书写订立的，表面看来仿佛一切都符合契约精神，但显而易见的是：

前一份孩子是被动无奈的，后一份孩子是主动自愿的；

前一份父母是置身事外的，后一份父母是置身其中的；

前一份仅期望小孩改变，后一份是父女一起改变；

前一份或会是成长的阴影，后一份则会是幸福的回忆……

两份简单的合约，字里行间折射出来的，无疑是完全两样的童年生活与印记。

弗洛伊德著名的“冰山理论”认为，人的人格就像海面上的冰山一样，露出来的仅仅只是一部分，即有意识的层面；剩下的绝大部分是处于无意识的，而这绝大部分却在某种程度上决定着人的发展和行为。

心理学研究也表明，常人恰如海底冰山的无意识习惯行为，很大程度上也与原生家庭的童年影响难舍难分。

性格的趋向是世人行为的原动力，童年的烙印无疑会影响一生，当下成年人的牢笼往往来自童年的影响。

对于童年心理创伤的影响，瑞士心理学大师卡尔·荣格的观点是：“一个人终其一生的努力，就是在整合他自童年时代就已经形成的性格。”

奥地利心理学家阿德勒的论断则直截了当：“幸运的人一生都被童年治愈，不幸的人一生都在治愈童年。”

修读心理学，使我知晓了世间做父母有四个层次：肯为孩子花钱，肯为孩子花时间，肯为孩子学习，肯为孩子改变。

四者当中，肯为孩子改变无疑是难上加难，也必定是难中之最。

因为，行为心理学学者剖析过，改变别人是困难的，改变自己是痛苦的。

当下做父母的，可有几个愿意，又有几个能够为孩子去改变自己的？

上文讲述的两份合约，或是当下家庭教育的一面镜子，从中或许可以看见今天做父母的痛点，也可以窥见孩子童年之幸或不幸。

最好的陪伴

题记：最好的陪伴，是陪伴一个人的情绪。

走出去，只要走出去，就可以看见，就可以遇见。

说起到郊野公园徒步出汗，今天悄悄数一数，竟已超过十个年头了。

每一回二十多里路的快走或慢跑，每一回看见的人，每一回遇见的事，要说真能让自己打心底里为之触动、为之动容的，现今细细想来，也唯有那对父子。

那一天，下午三四点钟，我顶着烈日在郊野公园绿道紧走慢跑，在一个拐弯处，偶然看见一对父子的背影。

显而易见的是，父亲在用劲拖曳着个头比自己还高的儿子往前走。

脚步超过那对父子时，好奇心使然，我侧头瞥了瞥他们，却立马心头一揪，察觉到那个头发有些花白的父亲总是埋头，默默地使劲拖曳着大孩子，遗憾的是那个大孩子走路有些一瘸一拐的，一看就可感知他那先天的缺陷……

过后在绿道徒步，第二次遇到那对父子时，仍是好奇心驱使，忍不住快步上前，问候一下老人，且与之闲谈了几句。

老人六十好几了，孩子先天有疾，故此老人天天下午拉着孩子前来徒步健身，期望有生之年能够尽力帮助孩子……

老人话语温和，但转头望见身边比他还高半截脑袋的孩子在傻傻地盯着过路的人时，老人脸上瞬间掠过那么一丝苦笑。他自言自语道："还有什么办法啊？"

再后来，只要下午时分去绿道徒步，我不知不觉之中会有如是念想，期盼能够遇见那对父子，期盼能够与那对父子打声招呼。

好多回遇见那对父子，我都会朝那个孩子高喊一声"加油"。

如是念想，如是习惯，我告诉自己，那对父子的背影，那个父亲天天使劲拉着孩子的手，拖曳的是孩子的健康，拖曳的是孩子的希望。

都说父爱如山，孩子的一分希望，都是父亲的十分努力。

遇见多了，渐渐熟络，之前总担心误伤对方的话题，慢慢也说开来，也益发仰望起那个父亲来。

那对父子是十多公里外城中村的原住民，他们每天从家中走到郊野公园绿道。

这一来一回，那对父子徒步全程二十多公里，下午两点左右出发，摸黑才能回到家里。

之前总在猜想，看那个孩子的模样，年龄或是二十左右吧。

早些日子，还是找了个机会，在与那个父亲闲谈中小心翼翼地了解了一下。

那个父亲说："三十一了。"

话语温和，但答话里面的每一个字，让我可以听到、可以感受到的，都是那个父亲的执着与希望。

每一次，我看见的都是那个父亲在给孩子撑伞遮阳。

前几天又遇见那对父子时，我曾尝试帮助那孩子给他的父亲撑撑伞。

非常遗憾，手把手地试过几回，尽管那孩子愿意去做，但撑伞对他来说却十分困难。

那一刻，回头望着那个父亲一手撑伞一手拖曳着孩子，手牵手不停歇，一步一步地往前走的背影，内心油然而生的是对那个执着的父亲的敬仰，当然也有些无奈，也有点无助。

凡人都有社会属性。有心理学学者说过，陪伴很重要，我们需要陪伴，也想要陪伴别人。

最好的陪伴，是陪伴一个人的情绪。

如是来看，那位父亲最伟大之处，就是始终陪伴在孩子身边，始终陪伴孩子的情绪——可以陪伴孩子生气，可以陪伴孩子难过，可以陪伴孩子孤独……

那个父亲，只是默默地陪伴孩子，尽管未能改变孩子，却在努力前行，一步一步地。

这就是我遇见的，最好的一种陪伴。

孩子考砸时，方显家长本色

题记：常常去倾听，有时去帮助，总是去鼓励。

孩子在学校考试考砸了，做家长的你知道了，会怎么办？

对过往耳闻目睹的个案，我曾有过梳理，发现不外乎这样三种反应：

要么是理性地包容沟通，要么是感性地焦虑打骂，还有中性的顺其自然……

偶然听到家长聊起，读小学的孩子语文考试考砸后，母子之间的一段对话，听来感到“零舍不同”，让人深思也给人启迪。

那位家长说，孩子小学就读寄宿学校，最近一次的语文月考成绩出来后，周末回到家里，孩子就主动说：

“妈妈，学校老师说我的语文月考成绩就像开飞机一样忽上忽下，但可惜的是，这次月考我的飞机还在跑道上，还没有起飞哦。”

“呵呵，原来是这样。”

“这周语文月考过后，周末老师暂时没有布置作业了，明天（星期天）我要去新城找同学玩啊……”

“你怎么舍近求远，不去楼下的KY同学家玩了？”

“KY同学这次语文月考全班倒数，回家他爸他妈肯定又要‘男女混合双打’了，我怕去他家一不小心会被误伤。”

“KY同学的爸妈是真的揍他吗？”

“他爸爸还好，他妈妈是用棍棒打的……唉，KY同学是我们班货真价实的‘富三代’，因为KY的爷爷就非常有钱了。现在看来，他们家可能也真的就是‘富不过三代’了？”

…………

细细品味，显然上述母子对话的言语里面，既有孩子月考考砸过后的调皮与乐观，也有家长包容、接纳孩子犯错的努力与耐心，还可窥见智慧家长对孩子的大爱的三种能力——了解、尊重与关心。

这三种能力，也是所有爱的形式共有的要素。

有说了解，要从倾听做起。

岁月浮华沧桑过后，静思所得之一是，人与人之间，最难得也最宝贵的，原来是了解，是倾听。

因为，人与人之间的相亲相爱，首先源于相互了解。若是没有真的了解对方，就没有理解，也谈不上包容，更别提什么希望。记得有作家呼吁，倾听，是建立新的文明价值的第一个起点，应该“倾听自己身边的人，倾听我们不喜欢不赞成的人……”。

上述母子对话中，孩子考砸过后仍可面对面地向家长倾诉自嘲一番，无疑得益于家长得知孩子考砸后，仍能站在孩子的角度，以开放的心态，耐心地倾听自己身边的人（孩子），耐心地倾听有不足的孩子。

家长与孩子双方可以温和地倾听、倾诉，就是良好沟通之基础。家长要爱孩子，想要了解孩子，请从倾听孩子的倾诉做起。

有言尊重，要从守望做起。

“人非圣贤，孰能无过？过而能改，善莫大焉。”莫说孩子，即便是成人平日也难免会有冒失犯错的时候。

孩子在读书成长过程中，肯定会遇到很多无法预知的困难和挫折。凡人趋利避害的天性和行为心理学常识也在提醒我们，如果家长不注意教育方法与沟通方式，总是不分青红皂白地批评、责骂、惩罚，不但不能让孩子改正错误，还会使孩子形成胆怯、退缩或叛逆、攻击等不良心理、行为。相反，只要没有触碰法律红线或跨越道德底线，如果家长能够坦然地接纳、包容孩子的过失，心平气和地给孩子讲故事，帮助孩子分析过失的缘由所在，帮助孩子寻找改正办法，孩子不仅能从失败中学到做人和做事的道理，往往还能有成长的意外收获。

上述母子对话中，面对考砸的孩子，做家长的最爱是包容，包容即最爱。都说家长要做“麦田里的守望者”，守望孩子成长，守望者的职责是当孩子们跑向悬崖边时，才需要伸手将他们捉回来，平日里，更多的是守望，是静待花开。

有人说：关心，要从放手做起。

众所周知，家长对于孩子，帮得了一时，帮不了一世。孩子迟早有一天要离开家长，在此之前，关心孩子就是要及早让孩子学会打理自己、懂得照顾自己，无疑也包括考砸了要自己站起来。孩子每一次跌倒、每一次犯错，都是成长的机会。家长要做的是耐心倾听与感同身受，帮助孩子从中反思自己为什么会犯错摔倒，让孩子学会自己站起来。这样，孩子才会知道今后如何避免重蹈覆辙，不再犯同样的错，才会在长大后不畏挫折，能够自己勇敢地站起来。

还有，在很大程度上，读书，真的是孩子自己的事。家长再急再想，实际上也是“有限公司”罢了。

上述母子的对话，若是从身心健康角度看，借用国际医学界特别推崇的一句治疗理念，家长面对考砸的孩子，要“常常去倾听，有时去帮助，总是去鼓励”。

家长如此这般了解、尊重与关心考砸后的孩子，还可让孩子在成长过程中，从小就能在家长的言传身教中，切身体会到：

爱，就是接受真实的对方；

幸福，就是成为真实的自己。

想给这个班主任点 10 000 个赞

题记：因材施教，扬长避短。

尽管缺乏全面调查的统计分析数据，但或是关注亲子教育的缘故，也可能是日常接触焦虑家长较多的缘故，近些年我在学生家长群听到的声音以吐槽居多。

在那些被吐槽的家长群里，有一种现象屡见不鲜——要么家长总被“告状”，要么孩子总被“示众”。

但这样一则小学生家长叙说孩子班级家长群的故事，却让人禁不住想给这个班主任立马点10 000个赞。

这个寄宿学校的小学生家长说，一个周日晚上，班主任举办了一个主题活动，内容是让同学们匿名表扬一个自己的同班同伴，各自把表扬内容写在一张小纸条上。

纸条收集起来后，班主任还让被表扬的同学自己上台来读出纸条上的内容，读完后再猜想一下这个表扬自己的可能会是哪位同学。

由于一节课的时间有限，只有少数主动的同学能够上台当面读出表扬内容。因此，班主任过后就把表扬小纸条发到班级家长群里，让家长们一起来围观，看看自己的孩子在别人心目中有怎样的优点，家长自己是否也察觉到了字里行间所隐藏着的孩子的亮点。

比方说，有的表扬同学非常爱唱歌，非常幽默风趣；有的则表扬同学心地善良，热情帮助同学，很受同学喜欢；有的还表扬同学围棋下得很好，为人很好相处，很善良很幽默……

同时，班主任建议将表扬每个同学的活动从学校延续到家庭，在班级家长群里邀请家长们周末也一起来给自己的孩子找找闪光点。

班主任老师希望通过表扬鼓励，发掘每一个孩子身上的闪光点，提升孩子们的上进心，增进孩子们之间的友谊，营造团结、友爱、向上的良好班风。

同样是这位班主任，还曾在班级主题活动时，发动每一个同学给家长颁发一张奖状，奖状内容完全由孩子们自己任意拟写绘画。

后来，这位班主任也在家长群里逐一分享了同学们给自己家长颁发的奖状。

这些奖状即便看起来略显绘画粗陋、用词稚嫩，但细细读起来仍会让家长们眼前一亮或是暗自高兴，原来自己在孩子眼里为人父母的形象，竟是如此这般高大……

这个班主任让同学们匿名表扬自己的一个同班同伴，或者自行绘画制作奖状颁给家长，粗看都是班级主题活动的一件平常小事，但回头细细想想，却凸显了班主任老师对孩子寓教于乐，进行素质教育的一番良苦用心。

当下一句“不能让孩子们输在起跑线上”的口号，平日让无数老师、家长眼里紧紧盯着的，都是孩子们身上的短板，都为孩子们求胜、取胜而焦急、焦虑。

反观这类游戏、耍乐的班级主题活动，最难能可贵的是，一下子可以将老师、学生与家长的目光，共同聚集到孩子身上的闪光点上。

这样一来，孩子们的好奇心与好胜心被激发出来了，孩子们的求知欲和上进心也表现出来了。

更难能可贵的是，这个班主任老师在班级家长群里还刮起了一缕清风，不再总是盯着孩子们的短板向家长告状，而是与家长一起来发掘、称赞孩子们的亮点、优点，一起把眼光多往孩子们身上的长处看。

实际上，这不就是当代呼唤素质教育之因材施教、扬长避短的一种好方法吗？

正是因此，我好想给这个班主任立马点10 000个赞。

读者诸君，你赞同吗？

做家长的你，会给孩子乱“戴帽子”“贴标签”吗？

题记：“问题孩子”的背后，往往有一个家庭教育模式的问题存在。

老友相聚，杯起杯落之间，有个老友感叹：“做人难做人难，其实千难万难，无非沟通难而已。”

因为，你要能说，他要愿听，还要说得清，还要听得明，即便是与生你的人或你生的人之间，往往也难于上青天。

以下是老友偶然看到的小学生在微信群委屈地吐槽，折射出家长给孩子乱戴帽子、乱贴标签，双方难以沟通的现象。

“我怎么就谈男女关系了？”

“我妈还骂我是那种色色的人，无语了！”

“发生了什么？”

“我就是买了个星空笔，什么玩意？”

“呵呵，你妈有点强大，我没法帮你。但放心，（在学校里）我尽量还你清白。”

“你妈对你好有爱啊！”

“我无语，我妈为了我发朋友圈。”

“（我妈说的）流氓图片，我可以狡辩下吗？”

“你自己处理吧，我帮不了你了，无奈。”

…………

那个老友说，但凡相互有沟通就不难发现，事情其实很简单：那个被戴帽子而受委屈的小学生，在京东买了支星空笔，他妈妈查看网购记录后，就断定五彩斑斓的星空笔应该是女孩子用的，就以为自家男孩子早熟了、想找女朋友了。

孩子妈妈随即在手机对话中给孩子戴帽子、贴标签，斥责孩子“在京东买了那么多女孩子的东西”“不好好读书”，批评孩子“平时（手机）相片里还有一些流氓相片”“现在才多大就想拍拖了是吧？”还吓唬孩子：“好的不学学坏的。那你别读书了，出来打工，结婚生小孩得了。”……

仍记得2018年的时候，中国青少年研究中心的一项有关亲子关系的专题调研发现，中国中小学生喜欢和父母聊天的较少，主要理由是不被理解，父母总提学习和自己觉得对的事。

调研还发现，中国家长更不愿意听孩子倾诉烦恼，交谈里更多的是批评。

由此反观上述小学生因网购五彩斑斓的星空笔引发母子间的误会与郁闷、烦恼，也正是这样，家长没有与孩子进行任何交谈沟通，亦未加任何调查了解，上来就是上纲上线，给孩子戴“早熟”的帽子和贴“想找女朋友”的标签，结果无疑让孩子稚嫩的心灵受伤。

2022年1月1日正式施行的《中华人民共和国家庭教育促进

法》，已将“子不教父之过”的传统道德理念升格为法条。但对于孩子而言，当务之急，可能不是家长教不教的问题，而是家长如何教的难题。

央视纪录片《镜子》也敲响了警钟：“问题孩子”的背后，往往有一个家庭教育模式的问题存在。

本来，家长是孩子成长路上最值得依恋的对象。依恋理论也是一种创伤理论，一个人所依恋的对象同时也是能让其受创伤的对象。

行为心理学研究早有例证，孤立与失落必然造成创伤，被最需要的依恋对象（家长）剥夺、排斥和遗弃所带来的伤害，孩子在无助的情境中容易感到焦虑，也会体验到失望和抑郁，将来对孩子的人格形成和生活中各种应变抗压能力还会有深远影响。

毋庸置疑，依恋是生命系统的一部分，虽然它在整个生命过程中都存在，但在儿童早期最明显，儿童只有把父母作为可以依赖的安全基地，才能感到被爱、安全和自信，才能有效地探索周围环境和未知世界。

当时那个老友还提到，同样是怀疑孩子早恋，有智慧的家长却是这样说、这样做的。

若是察觉孩子有早熟早恋的情况，他们第一时间会做的事，并非去找孩子交谈，而是去主动约见对方家长，希望借机建立两个家庭之间的友谊，从此往后两个家庭大人小孩经常走动聚会，一起喝个茶、吃顿饭，共同鼓励两个孩子“爱在阳光下”，互相帮助，共同进步。

有智慧的家长此举并非支持早恋，而是化堵为疏的顺势而为，让家长成为孩子可以依赖的安全对象，也让孩子在双方父母的共同关注下正常、阳光地交往。

有智慧的家长还说，孩子们这样的自然来往，公开就少了猜疑，透明就少了意外。

中国教育在线总编辑陈志文新年在《南方周末》发文称：家长过高的期望不仅仅增加了负担，更是为难自己、为难孩子，最后也会把孩子毁了。他强调，只要父母努力当一个好家长，孩子学习就是水到渠成的事情。

但要如何做个好家长，坊间素来也是见仁见智，各师各法。而想要做个好家长，平日不可或缺的无疑首先是沟通。

家长与孩子之间有无沟通、沟通是否有效，有一种简单直接的分辨方法，就是做家长的平常会不会动辄给孩子戴帽子、贴标签，比方说“早熟早恋”“懒啊笨啊”“不想读书”“无心向学”等等。

在孩子成长过程中，这类家长总施以的异样言语、目光，很可能会悄然击垮孩子的身心健康。缘于，碍于家长的养育权威，被戴帽子、被贴标签的孩子，往往即便有创伤性的无助感，苦不堪言却有口难言，只好或明或暗地采取对抗、逃避或冷战的应对方式。

相信谁都想做个好家长，祈愿平日都可与孩子多点沟通、多点倾听，别给孩子乱“戴帽子”“贴标签”，好吗？

做家长的你，
可见过这样的期末成绩报告单？

题记：看到成长，看到希望，看到信心。

受邀参加一个七年级学生的生日party，我却不经意间看到了一份让人非常惊讶的期末成绩报告单。

说实话，我曾做过班主任老师，也当过家长，但这样“零舍不同（粤语，意为：特别不一样）”的学生期末成绩报告单，还真是第一回看到，大开眼界。

这是一份某学校初中部七年级学生的期末成绩报告单，整页报告单从头查看到尾，竟然通篇看不到学生任何一个科目学业成绩的分数。

当时还以为是因疫情的缘由，听说好些中小学校都取消了期末学业考试，根本就没有学业成绩分数可以向家长报告。

当时现场也找了机会，问了这个七年级学生，对方明确告知，他们学校期末有统一的各科学业考试，同学们也收到了自己的考试分数。

这，就有点怪了。为何明明学生有各科学业考试成绩，给家长的学生期末成绩报告单却丝毫不提任何一个分数？

带着疑问，征得对方同意，我借来这个七年级学生家长的手机，细细查看了一下。

原来，这份表格式的学生期末成绩报告单，首栏左边是学生的自我评价，右边是学校事先征集到的家长寄语。

且看这个七年级学生的自我评价："本学期学习不够认真，不够专注和努力，期待新学期能改掉坏习惯，给自己定个目标，好好学习，争取达到理想的成绩，加油！"

这个七年级学生家长的寄语则是："上了初中，更有自己的想法了，妈妈说的话，总是听不进了！希望新的一年，能够学会自律、积极、好学！人生路靠自己走！"

期末成绩报告单往下还有三栏，内容分别是班主任老师与各个科任老师给这个七年级学生的殷殷寄语，现亦摘录分享一下。

班主任老师的签名寄语是："你是一个聪颖、沉稳的学生，你讲礼貌，关心班集体。老师多么希望你能在课堂上潇洒地站起来，勇敢地表现自己。在班内与同学团结互助，学习中较认真。假期可多多练字，老师期待你的进步。如果在学习上你更加严格要求自己，那么，你一定会跟'优秀'靠得更近一些。"

语文老师的签名寄语是："你是个机灵活泼的孩子，也非常懂事，一学期下来进步很大。老师相信如果你能拿出更加勤奋刻苦的精神，认真完成老师布置的作业，及时巩固积累，一定会取得成功的。新的一年已经来临，你的人生道路又过去了一站，希望你不要停下脚步，勇敢地坚持不懈地向前迈步，取得更大的进步。”

英语老师的签名寄语是：“你有很强的英语学习能力，毫不费力就能取得不错的成绩，尊重老师，遵守纪律。需要注意一点，凡事不要太执着，没心没肺活得自在些。遇事不要冲动，有心事多找人交流。看好你，下学期给老师更多惊喜。”

期末成绩报告单末尾一栏，有个文综老师的签名寄语，读来也是让人饶有兴趣，透过字里行间可见文综老师那润人心田的教育心理功底。文综老师的寄语是这样写的：“‘真人不露相’这句话用在你身上最合适了，在你不爱说话的外表下，藏着一颗勤奋、努力、上进的心，再加上你的聪明才智，你学什么东西都特别快。这一学期你进步非常快！要是你还能在大家面前大声地讲话，那就更好了。加油吧，你将会是个很有出息的初中生！”

…………

读完这份表格式的学生期末成绩报告单，假如我就是这个学生的家长，感觉无非就是一个字：“爽！”

在众所周知的高考应试教育指挥棒下，思维理念与行为方式上如此实在的素质教育成绩报告单，让人既是惊讶更是惊喜。

学生期末成绩报告单尽管仅仅只有一页内容，字数不多，里面学生、家长与老师的寥寥数语，却清晰展现了一个学生的学习优点与个人特点，凸显学生的希望、家长的盼望与老师的期望，读来宛如山涧的潺潺流水，让人看到的，有学生习惯的养成（在大家面前大声地讲话、遇事不要冲动等），有学生志趣的引导（有很强的英语学习能力等），亦有学生斗志的激励（更加严格要求自己，一定会跟“优秀”靠得更近一些）等等。

其实，但凡懂得教育心理学常识的都知道，任何一个孩子、任何一个学生，只要养成良好习惯，只要发掘学习志趣，只要激励人生斗志，学业考试成绩好，就是水到渠成的事了。

祈愿新的一年，类似这样的学生期末成绩报告单，越来越多，越多越好。

因为，这样的学生期末成绩报告单，可以让人看到学生的个性，看到学生的成长，看到学生的希望，更看到学生成才的信心。

三十年后又小孩

题记：孩子既是父母最好的考官，也是父母最好的老师。

回乡办事，在高速公路服务区歇脚、吃午饭。在快餐店排队时，我遇见前头有个老人着急地摆弄着手机。柜台里面唯一的服务员阿姨，一边忙活一边高声催促老人“点开（手机）用付款码给钱啊！”

我猜想，可能是老人不懂如何出示付款码。凑上前去，果真如是。得到老人同意后，我帮他打开付款码付费。

虽说那是举手之劳的一桩小事，事后再加思忖，原来，客家人说的“老人成三岁”，真的就是这样。

往往会有很多新鲜事物，让老人在认知上“返老还童”，好似一个既无知又无奈的“小蛮童”。

回望时空，笔者所在年代的儿童玩具是小石块、小树杈，后来成家有了孩子，才知晓孩子那一代的玩具有天线宝宝、皮卡丘；再后来网络普及年代，孩子的玩具又变成了电子游戏、手机游戏……

常说，一代人有一代人的使命，一代人有一代人的担当；生活中常见的却是，一代人有一代人的爱好，一代人有一代人的时尚，此即前一代人与后一代人之间常常会有隔阂、鸿沟的缘由。

仍记得20世纪80年代，第一次到深圳特区开眼界，偶遇一位同乡长者，俩人对坐喝茶闲聊，对方吐槽家里孩子的种种不是。

当年让同乡长者百思不解之一的是，正在读中学的男孩，夏天竟然不穿背心，直接穿一件衬衫，裤子是喇叭裤，他十分担忧自家孩子将来会因此毁了前程。

实际结果呢？二十年后再次相遇，问询同乡长者他家男孩近况得知，男孩大学毕业后已是一所学校的高级教师。这让我并不惊讶。

笑谈起当年的穿衣忧虑问题，同乡长者自嘲说，看来年轻人的东西，他不懂，他真不懂啊。

同乡长者说的可能是完全不懂，一个老友说的却是似懂非懂。

老友孩子刚考上远方的大学。开学过后不久就是老友的生日，当天老友早上起来，就眼巴巴地等候孩子的生日祝福信息，但从早到晚刷屏又刷屏，却一直未见。

作为母亲，老友随即给远方学校的孩子发了条信息，叮嘱孩子“要记得某些重要的日子，这对你以后的家庭是否幸福很重要”。老友认为，男人的情商，足以支撑身边所有人的幸福感。

过了好一阵，孩子回复说：“我记得您的生日，我觉得，最好的生日礼物是不让您担心。”

孩子还告知妈妈，当天他参加了社团活动，认识了在跨国企业工作的学长。孩子最后说：“很遗憾您没有向前看，幸福是自己给的，不是别人施舍的。”

老友叙说完那天与孩子的一番对话后感慨，想不到正在长大的孩子，有些人生哲学，其实比自己还清醒、还明白。

那孩子说的话，也仿佛一语点醒梦中人，老友叹说当下可能只有孩子才可让自己活明白。

熟识老友这个孩子多年，过往他也曾有精彩片段让人记忆犹新。

暑假老友刚刚到龄退休，一家三口回来度假。老友约几个伙伴到家聚会，顺便“打打牙祭”。

当天老友亲自下厨弄好一桌丰盛的佳肴，有伙伴尝了两样菜肴，张口就笑说：“想不到这么多年下来，你走了那么多的地方，吃了那么多的美食，烹饪水平还是这么差劲啊。”

老友孩子闻听，当场接话调侃回答：“Uncle，您说错了，应该说我妈是二十年如一日，厨艺水平常年保持稳定才对。”

听后，大家不约而同地举杯，赞叹孩子小小年纪亦懂得换位思考的行为心理，想不到同样一件事，在孩子口里道出，就是如此“零舍不同”。

这些年来，常常可以听到老友母子相互教导、共同成长的故事。

这也让我想起了客家的另一句土话：“三十年前爷（老

爸）教崽（儿子），三十年后崽教爷。”

这样说来，老人变成三岁，三十年后又成了小孩的话，崽教爷，既是自然规律，也是必然现象。自然规律，说的是要认老，要接纳时光不返之现实；必然现象，说的是要服老，要包容长江后浪之新异。

孔子言“三人行，必有我师焉”，这三人中无疑也应该包括孩子在内，因为世间所有的知识与认知，都是先知者即为师也。

年纪一大把的时候，再来聆听老友孩子有条有理、娓娓道来的几番良言，自然也要反复琢磨。

当下最易联想到的是，行为心理学老师常说的一句关于家教的名言：孩子既是父母最好的考官，也是父母最好的老师。

其实，区别只在于时间段，前者是三十年前，后者是三十年后。

孩子最好的心理医生是谁?

题记：每个孩子和父母之间，都注定要有一场战争，如果孩子赢了，是喜剧，如果父母赢了，是悲剧。因为，世上没有熊孩子，只有熊父母。

【不该发生的悲剧】

茶叙间，有老友讲述了一出悲剧。这个老友说，2022年暑假刚刚过去时，就听媒体朋友说，原本策划要前去采访某地小城的一个2022年“高考状元”，岂料出发前夕却惊愕得知那个“高考状元”自杀了。

传媒界朋友多方求证的情况，与当时小城街谈巷议间传闻最多的原因相同，学校与家长都要求那个“高考状元”去报读北京的一所名牌大学，但所选专业却是他本人不感兴趣的……

又一个不该发生的悲剧，北京大学副教授，北大心理咨询师徐凯文眼里又一个“活着只是按照别人的逻辑活下去而已”的“空心病”极端案例，闻听让人扼腕叹息。

“空心病”的孩子有强烈的孤独感和无意义感。仍记得徐凯文曾提醒：“如果孩子出了问题，大概率是因为家庭和老师出了问题。”

这两年我一直在跟踪关注的心理问题个案中，也有一个北京名牌大学的学生，因为心理抑郁厌恶学习而被劝退，整天窝在家里，情绪漠然低落，对任何事都没有兴趣……寻根问底，悲剧缘由亦是当年高考报读学校选择专业时，因为中学母校需要北京名牌大学录取生之“零的突破”，家长需要孩子以考上北京名牌大学“一鸣惊人”，孩子因而“被自愿”“被选择”，但进了大学校门后，不该发生的悲剧由此衍生了。

近些年耳闻目睹不该发生的悲剧中，我面对泪眼汪汪的家长，有过思忖，有过反思——这样的家长，是要哀其不幸，还是要怒其无知？

【不愿相信的数据】

徐凯文在第九届新东方家庭教育高峰论坛上的主题演讲《时代空心病与焦虑经济学》中说，他做过一个统计，某名校一年级的新生（包括本科生和研究生）中有30.4%的学生厌恶学习或认为学习没有意义，还有40.4%的学生认为人生没有意义。

徐教授还提出“空心病”这一新名词，认为其核心问题是缺乏支撑其意义感和存在感的价值观。

普遍现象是什么？徐教授透露，有几位学生告诉他：“我不知道我为什么要学这个学科，我不知道我为什么要活着。我现在活着只是按照别人的逻辑活下去而已。”

其中最极端的现象，正如开头讲述的小城“高考状元”的悲剧那样，就是放弃自己。

对于徐教授提出的说法与数据，我当时也甚为惊诧与怀疑，曾有过一段时间不愿也无法相信，一度还误以为他是在故弄玄虚、贩卖焦虑。

但这两年因为好奇、因为探究，在修读行为心理学时，面对面接触到一个又一个真实个案后，我慢慢察觉可能果真如此，接触越多就越觉沉重，缘于悲剧，缘于悲悯。

【不能不说的家长】

其实，天下父母心，如是与孩子之间涉及成长选择、自主选择的“战争问题”，还几乎没有什么东方与西方之别。

某日一大早，美国曾为教师的好友P发来消息说，我们一位共同的朋友现居夏威夷，其爱女从加利福尼亚州立大学医学院毕业后在医院当实习医生，前几天却在医院跳楼死了。

好友P惊讶地说，每次看到她（轻生女孩）微信里的照片都是脸上带着灿烂的笑容，没想到居然是抑郁患者！

好友P还郑重其事地告知我，她和孩子们有过一场严肃认真的对话：“妈妈把你们带到人世间，我没有征求你们的意见，不好意思。但如果你们要结束自己的生命，请务必征求我的意见，因为我花费了时间和精力、金钱和爱在你们身上，务必谨记，问一下妈妈是否同意。”

好友P认为，当时她的孩子们似乎听明白了。

好友P最后慨叹：“现在对于孩子选什么大学专业，我也不强求了，孩子活着就好。”

听了好友P的这番叙说，我真心为她、为她的孩子感到高兴。因为，近年来最常听她唠叨的话题、烦恼，就是为了即将升读大学的孩子，母子之间总为在哪儿读、读什么专业而执拗、焦虑。

【不能漠视的强迫】

尽管行为主义心理学中的环境决定论带有某种片面性、机械性，但“孟母三迁”的典故早已揭示，青少年心智成长与环境因素难分难解。

一个人一辈子，归根到底，成长路上有什么样的心理教养，成熟后就有什么样的心理素养。比方说，孩子自小凡事就没有被尊重的感觉，长大后往往也很难懂得尊重他人。

时下总在呼吁，大人要行稳致远，要培育孩子的健全人格。记得网上有句话，可能不一定全对，却也不无道理：每个孩子和父母之间，都注定要有一场战争，如果孩子赢了，是喜剧，如果父母赢了，是悲剧。因为，世上没有熊孩子，只有熊父母。

2021年3月发布的《中国国民心理健康发展报告（2019—2020）》显示，2020年我国青少年抑郁检出率达24.6%，在四类抑郁症重点人群中，青少年的情况令人尤为担忧。

这也让人想起美国心理学家安东尼·比格兰，他花费了40年时间去研究儿童兴趣、技能、能力、习惯与后天养育环境之间的关系，写就了《温暖的孩子》论著。

通过剖析强迫型环境与孩子性格、人格缺陷之间的关系，安东尼判定，对孩子身心产生坏影响的三种因素中，排在首位的是过多的强制式教育。

家庭教育中总是强迫孩子，将会给孩子带来三个结果：一是产生逆反心理；二是彻底向父母低头顺从，转而用强迫模式对待他人；三是持续的痛苦累积到一定程度，导致犯罪、吸毒等反社会人格。

比格兰呼吁家长放弃儿童成功学，遵循结果选择理论（即家长最希望小孩子未来成长成什么样子），应当把孩子放在“滋养型”环境中，把他们培养成阳光快乐的孩子。

因为，孩子就是未来。安东尼说，当下温暖的孩子长大了，未来的社会才不会有冬天。

【不能不提的尊重】

习读行为心理学的这些年，倾听家长最常最多的发问，就是“为何现在的孩子，这么小（小学阶段）就开始逆反了？”

本文开头不该发生的悲剧已经揭示了答案。依照马斯洛人生需求层次理论，当下孩子的人生需求层次，早早直接跳跃到五大需求金字塔顶端的尊重需求与自我实现需求，即孩子们渴望被尊重也需要被尊重，内心祈盼与现实要求的纠结冲突由此衍生，大人眼里的叛逆也因此而来。实际上，只要循此视角环顾左右，在成长路上，哪个孩子是不叛逆、不犯错的？

孩子叛逆的时候，做家长感到最痛苦的是什么？就是说什么也没用，怎么说也没法沟通。但在人世间，父爱母爱是最美的爱、最伟大的爱。

爱是什么？爱是无条件地接纳与包容。完全可以这样说，父母，才是孩子最好的心理医生。

心理学家比格兰所剖析的强制式教育，体现在养儿育女的日常生活中。当下有一种熟视无睹的现象：孩子感受不到被（父母）尊重。反观本文开头提到的悲剧，起因可能少不了“尊重”二字。

何谓尊重？

知情权是也，选择权是也。

自古都说“知子莫若父”“知女莫若母”，当今也有“最爱是包容”的说法。

时下做父母的，假如读读《温暖的孩子》，听听徐凯文关于“空心病”的演讲，未来若再遇到“孩子不听话”的时候，应该不会忘记“父母才是孩子最好的心理医生”，应可懂得凡事要从尊重孩子做起，但凡没有越过法律红线、触碰道德底线的选择，都要保护孩子的知情权，接纳孩子“做自己”的想法，要保障孩子的选择权，包容孩子“做自己”的抉择，避免孩子成长过程中总出现“被自愿”“被选择”的现象，真正把自己的孩子当成一个有权利、有尊严的人。

祈愿学生“被自愿”“被选择”而导致轻生的悲剧不再重演。

祈请家长们千万别忘记——父母，才是孩子最好的心理医生。

孝之难在于“无”

题记：“有”多半是给别人看的，而“无”才是你自己的。

小满当天，美国的心理学学者Tracy说：

人们总是把幸福解读为“有”，有房、有车、有钱、有权、有人……

但幸福其实是“无”，无忧、无虑、无病、无痛，无天灾，无人祸……

“有”多半是给别人看的，而“无”才是你自己的。

当下，我们正迈入中度老龄化社会，但凡说到孝道，第一时间想到的，多是要让年迈的双亲尽可能“有”：有好东西吃，有好衣穿，有好房住，有好车坐，等等。

但静夜时分，想起钟南山健康讲座中有关“健康的一半是心理健康，疾病的一半是心理疾病”之忠言。

穿越时光隧道，我仿佛又聆听到曾子曰：

养可能也，敬为难。（赡养可能做得到，但尊敬父母却不容易做到。）敬可能也，安为难。（尊敬可能做得到，使父母安乐却不容易做到。）

是啊，如今小康社会，要让父母有吃有穿有房有车，并非难事；但要让父母无忧无虑无病无痛，确是万分之难题。

正如钟南山所言，老人要无病无痛，先要无忧无虑。

曾与老友聚会聊起敬老、孝道的话题，老友小鹏说，自己最羡慕在座的一个同行。

这个同行却纳闷起来，自己既没有世人眼里光宗耀祖的大富大贵，自感在孝敬父母等方面也没有什么特别之处，何来让人羡慕之说？

老友小鹏轻轻问道："你想想，这些年来，你的工作与生活可曾让父母操心、担心？"

同行听了默然。

大家听了恍然大悟，也纷纷夸赞起这个同行的几个姐妹，虽然谈不上大富大贵，但个个有工作、有房子住，行有车、食有肉，日子安康亦无忧。

都说儿女都是父母的心头肉，手心手背亦一样。

大家尤其羡慕的，是姐妹几个发展相对均衡，工作生活上都几乎难分伯仲，做父母的也无须操心这个会难过，不用担心那个受委屈……

老友小鹏所羡慕的这位同行，父母跟随儿女进城，在儿女身边生活养老。这些年来，她们几个悄然做到了让老爸老妈几乎无忧且无虑。

但如今，身边常见老人独居养老，未来独居养老的现象无疑会越来越普遍。父母常年不在儿女身边，如何让老人少操心、少担心，自然也成为一门必修课、一道必答题。

提到远方父母之“安为难”，老友小鹏必会念叨起两个友人。这两个友人，一个是大师兄，一个是老同事。

大师兄乘改革开放春风转型成功，但古稀父母习惯山乡生活，难舍故土情结，不愿意跟随孩子进城享福，一直远在千里之外的乡下居家养老。大师兄这些年在商海打拼的同时，总说尽孝不能等，给自己定了一个身体力行的铁规矩，再忙再累每月也要抽三两天时间，驱车千里赶回乡下，陪伴父母吃吃饭，陪着父母在村头村尾走一走、坐一坐，听老人聊过去的故事……

小鹏的老同事，南下奋斗二十年，年迈父母同样舍不得离开那片生养他们的热土，至今还不肯跟着任何一个儿女到城里生活养老。

老同事苦于心有余而力不足，常说与父母远隔千山万水，一年到头自己没有多少金钱孝敬父母，也没有空余时间回去探望父母，有的只是让父母长久的担心。

老同事的老母亲一字不识，既不会用微信，也不会发短信，只会用打电话的方式表达老人的思念和牵挂。为此，老同事这些年每天都以打电话问候的方式去孝敬远方的父母，任何时候任何地方，只要不是手头有很要紧的事，只要是父母来电，老同事都会接，任务就是倾听，忧则劝慰，喜则分享。

老同事还说，这些年老母亲的听力似乎越来越差了，得珍惜机会跟妈妈多打打电话。而且，如果自己的电话能让父母开心顺心，那么，作为儿女又有什么理由不接听爸妈的电话、不给爸妈打电话呢？

看看他们俩，大师兄有钱有时间，可以定期驱车千里回乡看望父母；老同事缺钱缺时间，却也天天电话问候慰藉父母……两个友人经年累月，锲而不舍，一个是让父母看到，一个是让父母听到，方式方法不同，目的都是尽孝，都在想方设法让父母安心与心安。

记得我曾与七八十岁的老人做过访谈，作为父母他们都说，自己吃什么、穿什么、住什么都无所谓，唯有儿女的平安是任何时候都放不下的。

20世纪60年代的欧美电影《洞》，讲述同监房的五名狱友合作挖地洞越狱的故事。他们费尽千辛万苦挖洞成功，准备实施越狱当晚，一个狱友却突然表示自己决不离开。

因为，当年他犯事后警察找上门来，曾经让母亲心脏病发而差点丧命；若是他这回再越狱，警察肯定还会找到他家去，这样会害了母亲的命。他说，自己不想再让老母亲担惊受怕了。

显而易见，只要孝心未泯，即使身陷囹圄，即便一无所有，也可如上述电影角色般尽孝道，同样可以不再让老母亲担惊受怕。

反过来说，成年儿女假若可以坚守平安，做父母的就无须多操心，也不用再担心。

从心理健康视角看，尽孝千万种，最难莫过于让父母心安，让老人安心颐养天年。

若无闲事在心头，便是父母好时节。

孩子说谎，
可能家长也有一份“功劳”？

题记：家长是孩子人生的第一任老师。

都说，家长是孩子人生的第一任老师。

循此视角，要想让孩子不说谎，有个前提条件不可或缺，就是家长的尊重与包容。

小区读书会有位热心家长书友，新近在自家小书房举办了一期主题为“你会说谎吗？”的分享会，邀请了十多个学生及家长参加。大家击鼓传花，轮流进行分享，话题诸如“你对家人朋友说过谎吗？”“你对自己说过谎吗？”“说说你对说谎的看法？”……

一位母亲讲述，自己的女儿正在读初中，也是在叛逆期。

一次，做妈妈的发现女儿周末与同学聚会后，回家时带回了口红等化妆品，就问女儿是哪里来的。

女儿老实回答，是好同学M送给她的，还说M当天还教她日常要如何化妆，怎样装扮自己。

做妈妈的说，当天她就训导女儿往后不能再与同学M来往，也不能再一起玩耍了。接下来，只要知道女儿是要去和同学M聚会，做妈妈的都会明令禁止。

做妈妈的认为，初中正是读书的阶段，女儿不能过早接触口红、香水之类的化妆品，这样会耽误学业。

听后，我笑着发言："假若我是她的女儿，以后肯定就会说谎。"

因为，不管孩子要不要用化妆品，但她的女儿肯定还希望与同学M继续来往。

可是妈妈不准，怎么办？

唯有编个理由，说个谎话。

都说孩子天生就是一张白纸，家长是孩子人生的第一任老师，孩子的许多思维与行为习惯，其实都是家长养成的。

众所周知，人性都有贪婪与恐惧的两面，莫说孩子，就是成年人，很多时候会说谎，或是为了满足贪婪的欲望，得到更多更好的，或是为了减少恐惧的心理压力，逃避受苦受罪的惩罚。

就以上述例子来说，爱美之心人皆有之，女儿好奇如何化妆扮靓，无疑也属一种"贪婪"，女儿担心被妈妈批评责罚则是一种"恐惧"。

而趋利避害，是人性永恒的本能。

假如女儿仍要与同学M保持来往，对家长说个善意的谎言，往往就成为孩子必然的选择。

反之，假如家长可以尊重孩子的成长规律，不是凡事总打着"为你好"的旗号来断是非分对错，不是简单粗暴地一堵了之，而是可以先接纳包容孩子学习化妆扮靓的好奇心，再抓住机会因势利导，引导孩子学会因地制宜着装扮靓，教导孩子看场合着装以体现文明礼貌，那么，孩子再与同学M来往玩耍时，又何须琢磨说谎话对付家长？

上文提到的关于说谎的主题分享会，事后也从主持人处得知，当晚有孩子发言前，就要求家长们必须离场，否则不说。还有孩子坦言自己有过说谎的经历，但不想坦白分享等等，同样都是趋利避害的本能表现。

由此可见，做家长的，除却在孩子面前要言传身教，自己要做到决不说谎外，还要懂得尊重趋利避害的人性本能，懂得尊重孩子要“做自己”的成长规律，可以像大海一样接纳、包容孩子，永远愿意做孩子坚强的后盾，给予孩子足够的安全感。

能够做到这些，孩子在家长面前，又岂会无话可说，又何须说谎？

孩子会说谎，可能家长也有一份“功劳”。阁下可有此感受？阁下是否认同？

孩子突然对家长不理不睬，原因是……

题记：相信孩子，相信相信的力量。

偶遇一个家长，她见面就从手袋里面掏出一张折叠整齐的纸条，边递给我边慨叹：“你看看，这个臭屁孩突然不理睬我们，竟然是为了这个！”

当时这个家长说，大约从两周前开始，孩子放学回到家里，对家长不理不睬，好说歹说地问过多次，孩子仍只字不说，让她感到郁闷、担心。

之前我提醒过这个家长认真回想一下，近段时间与孩子之间是不是发生过什么冲突或争执，但这个家长思忖了好久，最后茫然地回答说“没有”。

正巧在当年的母亲节前一天晚上开家长会，班主任老师在家长会上分发了学校要求每个学生在母亲节写给妈妈的一封信。

这个家长现场展开信笺纸条，细细读了过后，瞬间恍然大悟，孩子突然间对家长不理不睬，原因是这样的……

孩子在信中写道：

“妈妈，你好！

“我也不知道有什么好说的了，我不明白是什么让你觉得我说的全是错的。我该说的都说了，你怎么做是你的事。

“我唯一还想告诉你的是，别天天把堂姐挂在嘴边，我十分反感别人否定我的努力。你都知道，堂姐天天都在补课，那你难道认为我只需要天天捧着手机，吃了睡睡了吃，成绩就比堂姐高了吗？

“麻烦动脑子想想，你儿子不是神童，他必须靠努力才能拿到好成绩，而你却一次次否定我的努力，在别人面前有意地贬低我，说我一天到晚只会打游戏。你儿子就这么拿不出手吗？

“我堂姐数学考了满分，她妈妈巴不得在家门口挂个横幅。我历史考了全年级第一，你就问我主科语文为什么考这么差！

“你考虑过我怎么想吗？我一个周末写了三十多套卷子换来的全年级第一，你半个字都不提！

“你知道我每次上课时，一想到这件事，心里有多难受吗？

“你从来都只会打击我，让我没心情学下去。

“别的也不说了，期末考，我会考进年级前30名，告诉你，你是错的。

“最后，祝福母亲节快乐！——儿子FG”

快速阅读完毕，我调侃：“看来还是那句古话，世上没有无缘无故的爱，也没有无缘无故的恨，对吧？”

这个家长似懂非懂地答道：真是想不到，现在的孩子会这样小气。

她说，一次周末的家族聚会上，听闻孩子的堂姐月考数学考了满分，她当场就竖起大拇指夸赞了一下。孩子闻听插嘴大声说，自己历史考了全年级第一名，但她却数落孩子：“可是你的主科不行，语文月考考得这么差……”

实际上，环顾左右，类似这个家长的思维习惯并不鲜见——总说别人家的孩子如何优秀、如何无所不能，而自己家的孩子却如何不堪。

我曾在某初级中学目睹过这样的场景：有个家长与班主任老师一起，在课室外的走廊上，轮番批评一个男孩子（八年级）当次考试成绩差。

当时我好奇地问男孩子的一个同班同学，同班同学的言辞虽激烈，却也不无道理。他答说，那个男孩子的家长是“疯子”。因为，男孩子是他们班上的“学霸”，以前每次考试总分都是全班第一的，但这次偶然考了个第三，他妈妈就“发癫”了，跑到学校来找老师、来骂崽。

这两个家长的故事，表面似乎都是“为你好”的寻常小事，但若从青少年身心健康成长的角度深究下去，则是事关孩子自尊心和自信心的人生大事。

因为，好多回听行为心理学学者讲课，都谈到孩子自信心的缺失，与家长经常贬低孩子的责骂式教育有因果关系。

比方说，突然对家长不理不睬的孩子，尽管明白家长望子成龙、望女成凤的期望，“严师出高徒”的心态，但家长平常对孩子批评多表扬少，指责多夸赞少，尤其是在外人面前，总说别人家的孩子如何好，忽视也漠视了孩子的自尊心与好胜心，结果让孩子内心备感受伤。

反观孩子母亲节给妈妈写的一封信，透过字里行间，其实不难窥见时下孩子的心声与呐喊——请家长相信自己的孩子吧。

暂且不说“知子莫若父”“知女莫若母”，亲生子女身上的遗传基因不仅可看见家长的影子，还可看见家长的思维习惯和行为习惯。

当下的问题是，孩子成长路上，家长是习惯向前看，还是习惯向后看？

向前看的，总可看到进步与希望；向后看的，可能看到的总是问题与不足。

因此，假若平日家长对孩子可以多包容少批评、多夸奖少指责，至少可以让孩子每天的上学路上都是开心愉悦的。身边有多个家长说过，他们坚信这一点对孩子的身心健康至关重要，亦是为人父母的重要职责。

阁下若是家长，会相信你的孩子吗？会相信相信的力量吗？会相信相信孩子也是一种信仰吗？

缘于，信仰并非因为看见而相信，而是因为相信所以看见。

“学习困难门诊”解决不了的是什么？

题记：可怜父母心，更怜读书郎。

我所熟知的一个初中生，新学期第一次月考主科成绩大幅度下降，令人意外。班主任老师随即通知家长共同了解情况。

面对家长的疑问，初中生却轻描淡写地答道：“刚开学，我先控一下考试分，往后的每一次考试不就都有进步了？你们和老师不也就满意了？”

果不其然，第二次月考，初中生第一次拿到了“进步尖兵奖”，还上台接受学校的表彰，领取了奖励。

这名初中生的家长谈论起孩子的狡黠与聪明时，露出无奈的苦笑，慨叹未知是学生、家长、还是学校之悲哀。

2024年某期《南方周末》的教育报道《学习困难门诊解决不了的事》披露，近年来，包括广州市白云心理医院、南京市儿童医院、复旦大学附属儿科医院等在内的中国各大医院，陆续开设“学习困难门诊”。

按照中国教育科学研究院德育与心理特教研究所研究员张冲的推算，截至2019年底，中国近2亿中小学生中，有3000多万人受到学习困难的影响。

读罢，我感叹时下真乃“可怜父母心，更怜读书郎”。环顾左右，正如“学习困难门诊”的医生所言，其实很多孩子并不是真正的学习困难，只是成绩没有满足家长的预期罢了。

上述初中生并非学习成绩不好，他“控分”的出发点是，这学期只要忍受一次批评，换来的是此后若干次的进步与表扬，让老师和家长都满意。

那初中生的思维方式行为方法，其实都在告诉说，孩子最好的心理医生是父母。当下对于读书郎来说，医院学习困难门诊解决不了的，甚至说比学习困难门诊更加迫切更加紧要的，应该是来自家长的爱，来自家长的信任，来自家长的包容，那一种园丁式父母的包容。

家会伤人，学堂也会伤人吗？

题记：武志红的代表作《为何家会伤人》提到，我们的社会特别讲孝道，即便父母虐待了自己，我们也要认为父母是对的。

好友诉说，一天前忽然接到孩子同班同学家长的电话，双方一番沟通过后，夫妻俩竟然一夜无眠，怎么也睡不着了。

究竟为何呢？

原来，对方家长问好友是否知道，前些日子孩子被班主任老师揪上台去批评的事。

好友回答说，没听孩子说过这回事。

对方随即详细告知。当日，总共有五个孩子被班主任老师揪上台去，面对黑板站立，班主任老师请全班同学举手投票，评选出上课偷说话的调皮捣蛋同学排名榜。

对方还透露，听说好友的孩子是得票最多的一个，总共得了20多票。

当天放学回来，晚饭后好友择机问询，从孩子嘴里得知确有此事。

当晚，好友夫妻俩就此事悄悄讨论起来，说着说着，既有担忧，又有后怕。

他们担忧的是，孩子上课偷偷说话，动辄要被揪上台去示众、接受批评，恐怕会让孩子幼小的心灵蒙上阴影；

他们后怕的是，班主任老师这样恨铁不成钢的批评教育方法，出发点无疑也是好的，但类似这种施虐式的教育手段，长此以往孩子的心理健康难免受影响，怕孩子将来会因此衍生心理问题……

倾听好友讲述担忧、叙说害怕的那一刻，我脑海里立马联想到两点：一是国内知名心理学家武志红的代表作《为何家会伤人》，二是2023年全国两会上有众多代表委员都在关注青少年心理健康问题，都在提交相关议案与提案。

武志红在代表作《为何家会伤人》里，鞭辟入里地剖析了中国式家庭养儿育女时的一种熟视无睹的现象，就是以“爱”的名义在严重伤害孩子的身心健康，但家长丝毫不觉得自己有问题，都认为错在孩子。

武志红还认为，我们耳熟能详的“没有父母不爱自己的孩子”“我爱你，所以你要听我的”，都是有关爱的谎言，都是以爱的名义在强迫孩子，在心理上虐待孩子，而孩子则会经常感到“闷”“烦”，甚至会有窒息感，仿佛有人在掐着自己的脖子。

现在，有家长在这样做，也有老师在这样做，而孩子们的反抗也越来越强烈，其常见方式是网瘾和叛逆，极端方式则是

轻生和伤人。（相关个案请参阅本书《孩子最好的心理医生是谁？》一文）

再看看2023年全国两会期间的新闻报道，显然有越来越多的代表委员，纷纷就加强家校联动构建中国式健康教育体系、推进乡村儿童心理健康服务体系建设、用人工智能关怀青少年心理健康等课题，提交关于青少年心理健康问题的议案与提案。

其中，全国政协委员、北京中医药大学教授张其成在提案中呼吁，加强中华优秀传统文化人格教育，设立国家青少年心理健康教育中心，加大对中小学心理健康教育人才的培养，对中小学生进行定期心理健康“体检”，并及时进行有效跟踪，把儿童青少年心理咨询与治疗纳入医保等。

行为心理学研究结果认为，理性的外表往往容易骗人，但心底的情感是不会骗人的。

武志红还提到，我们的社会特别讲孝道，即便父母虐待了自己，我们也要认为父母是对的。但是，这种理性上的接受不能遏制住孩子情感上的仇恨，而父母是不能恨的，所以孩子长大后把仇恨转嫁到配偶、儿女或其他人身上了。

反观好友孩子被揪上台去示众接受批评的故事，或可窥见两点亟待正视的现实问题：

第一，武志红说家会伤人，实际上学堂也会伤人。

当下最为常见以致熟视无睹的，是以“爱”的名义强迫孩子接受，父母替孩子决定生活，老师替孩子决定学习。

另一家长述说，孩子在学堂写作文，主题是”假如我是某某动物“。孩子选择写的是熊猫，但一不小心走神，竟然忘记审题，将第一人称写成了第三人称。老师批改发现错误过后，在课堂上勒令孩子上台朗读自己的作文。由于孩子的身材较胖，因此还被同班同学嘲笑喊作“熊猫”，当众出丑，身心备感受伤。

行为心理读书班的同学对近些年的访谈个案也深有感触，类似“都是为你好”的语言，看似充满了爱意，实则虚有其表，这种“爱”所释放出来的气场，实际上是冷漠的，最终很可能造成孩子对家庭、对团队、对社会没有归属感。

美国心理学家卡伦·霍妮也一针见血地解剖：“（这种）爱，是施虐者的伪装。”

对此，国家颁布的《中华人民共和国未成年人保护法》开宗明义：“为了保护未成年人身心健康”，明文规定“保护未成年人，应当坚持最有利于未成年人的原则”。

第二，防患于未然才是关注青少年心理健康问题的重中之重。

人民日报健康客户端发布的《2022国民抑郁症蓝皮书》数据显示，我国患抑郁症人数为9500万，其中，18岁以下的抑郁症患者占总人数的30%，50%的抑郁症患者为在校学生，抑郁症发病群体呈年轻化趋势。

该蓝皮书中也提醒，很多家长都只看到孩子的行为表现，却看不到背后的情绪和精神因素，把问题简单定性为不爱学习、青春期叛逆或者意志力薄弱。

《扁鹊见蔡桓公》故事盛传二千多年，其实在告诉我们，“治未病”才是大智慧。同样的道理，时下青少年心理健康问题需要防治结合，以预防为主。

遵循行为心理学视角，如今生在新时代、长在“糖水”中的孩子，很可能并非意志力薄弱，而是依照马斯洛的人生五大需求层次理论，人小志气大，需求层次早已直接跳跃到五大需求金字塔顶端的尊重需求与自我实现需求。

我们都知道，素质教育的一大特色就是因材施教。传承弘扬“玉不琢不成器”的教育理念，无疑要因应当下孩子的尊重需求与自我实现需求，因此要如何“琢”的思维方式与教育方法，确实成了耐力活，也是个技术活，值得学堂、家庭与社会共同探究，共同琢磨。

但有一点毋庸置疑的是，即使是恨铁不成钢，也不能好心办坏事，类似“都是为你好”的以爱之名，就随意把孩子揪上台示众接受批评的做法，肯定是一种爱的伤害，肯定是一种情感暴力，今天此路不通也。

现代的临床心理学家普遍认为，一个成年人的人际关系模式，在很大程度上是他童年人际关系模式的再现。

美国心理学家安东尼·比格兰花费了40年时间去研究儿童兴

趣、技能、能力、习惯与后天养育环境之间的关系，他在论著《温暖的孩子》中更是直截了当地说：“孩子就是未来，当下温暖的孩子长大了，未来的社会才不会有冬天。”

让我们一起祈祷，让我们一起努力，从今往后，家也好学堂也罢，都不会伤害孩子，都会有温暖的爱。

有一种幸福，叫父慈子孝

题记：小时候幸福很简单，长大了简单很幸福。

网上曾有提问：什么叫幸福？

网友们的答案五花八门，但有一个答案让我过目不忘：人生幸福是，三五知己好友，一个知心爱人，一双出色的孩子，去世时没有疾病缠身，没有历经抢救受尽痛苦。

夜来思忖新近遇到的人与事，我察觉到，原来人世间有一种幸福，常见、简单，甚至让人熟视无睹。那究竟是怎样的一种幸福呢？

某日下午买菜时，我顺道到路边摊买水果。年过花甲的水果摊老板身边，有位白发苍苍的矮小阿婆在帮忙，我瞬间既羡慕又好奇。我说：“老板你真是幸福，这把年纪还有母亲陪在身边。”

水果摊老板闻言，抬头望望母亲后告诉我，母亲80多岁了，又用手指指水果摊对面正在忙活的一位老伯说：“那是我爸，今年90多岁了……”

当晚与朋友喝茶聊天时，说起白天的见闻，我听到了不同的声音。有人说，是我一厢情愿地觉得他们幸福。想想两位八九十岁的老人，仍要如此操劳，心里的感觉可能是一个“苦”字。

自此过后，每一次途经那个水果摊时，我都禁不住要放慢车速或放缓脚步，扭头多看几眼，看看两位八九十岁的老人忙前忙后的身影，瞧瞧三人卖水果那憨厚平和的神态。偶尔傍晚也可看到，八旬阿婆在水果摊旁或独自静坐，或含饴弄孙（看年纪应是曾孙）的画面。

话又说回来，但凡遵从世俗的眼光，卖水果的这一家人，可能收入微薄，生活水平也不高，但四代同堂，两位老人八九十岁仍身板硬朗，水果摊老板花甲之年，仍有高堂双亲的呵护，我脑海里冒出的第一个念头是既羡慕又妒忌。

亦曾驻足旁观，悄然窥见六旬儿子在傍晚高峰期忙不过来，八九十岁老父老母手脚麻利前来帮忙，高龄父母对儿子那种单纯的关爱跃然眼前，那么自然。这家人简单平淡的日子，我能体会到他们朴实的知足常乐。

提到人生难得的知足常乐，就不得不说说我身边一位开小食店的老乡。

这位老乡亦是年约花甲，熟识二十年以来，他打理着小本经营的小食店，每天卖的是家乡特色的一碗滚汤、一碗捞面。

这位老乡的上辈曾是京城财政衙门里面的高官。他常自愧自嘲，先祖辈优良的读书基因在他与三个儿子这两代人这里全都丢了。

但他聊天时也偶尔不无骄傲地自夸说，还好，三个儿子三间小食店，都可自食其力，“耕读”传家的祖训没有全丢，还保留了一个“耕”字，均勤劳持家。

其实，身边熟识这位老乡的亲朋好友，平日闲聊提起，真正让人羡慕、惊讶的，是他的教子之道。

虽说三个儿子读书都不怎么样，但三个儿子都听从家长的教诲，如今子承父业，在中山与珠海各自经营着一间小面店，每人都有一份谋生的手艺与营生。

曾有一回与这位老乡小酌两杯，酒兴正酣时分，他拿出过年回乡，在祖居老屋前拍摄的全家福照片，酒不醉人人自醉地分享说，外出操劳几十年，现在中山买了两套房，三个儿子、三个儿媳、六个孙子孙女，回老家祭祖时亦可无愧于历代祖宗，自己算是知足了。

也有那么几回，我想借酒意套套他的话，揭开为何三个儿子愿意言听计从、子承父业的奥秘。虽说至今也没得到正面回答，我却似乎已有点领悟。

近些年跟随学者研读行为心理学，最常遇到的心理问题个案，是父母与孩子之间关于成长焦虑的战争。

《人民日报》等媒体共同发布的《2022国民抑郁症蓝皮书》显示，学生（孩子）抑郁的原因，69.57%在家庭关系。

上述两个平平淡淡过好小日子的幸福家庭，无疑谈不上功成名就，但他们父慈子孝的亲子关系，既朴实又和谐，其温情让人触手可摸，感同身受。

环顾左右，细细想来，这在当下甚难得也甚珍贵，毕竟自古都说“家和才有万事兴”。

有一种说法是，成长路上，每个孩子和父母之间，都注定要有一场战争，如果孩子赢了，是喜剧，如果父母赢了，是悲剧。

实际上，父母与子女之间的战争，或输或赢，往往没有对错，其实只有因果。但有一个道理却是亘古不变的，每个家庭都父慈子孝，每个家庭都过好小日子，整个国家大社会才可以天地人和，好日子才会接踵而至，这既是民之幸，更是国之幸也。

父亲的吝啬与慷慨

题记：子孙若如我，留钱做什么？
　　　子孙不如我，留钱做什么？

数个已没有了父亲的游子，夜来喝茶闲谈，话题偶然聊到天堂的父亲。

可能因为都是20世纪六七十年代生人的缘故，大家说来说去，总是觉得，父亲那一辈人给儿女留下的最为鲜明的印记，正是“勤”与“俭”二字。

——勤劳勤奋，乃是父亲那一辈人的团体烙印。

——节俭吝啬，则是父亲那一辈人的时代遗产。

不必提儿时的记忆，即便是孩子们都悉数成家立业，过上小康生活后，父亲那一辈人仍然坚守省吃俭用的生活习惯，新衣服往往在过年过节或特别日子才舍得穿，旧衣服也舍不得丢，凑合着能穿就穿的固执模样，说来仍是历历在目。

仍记得那些年，父亲刚退休，从乡下跟随我来小城生活时，言语上是十分抗拒外出到饭馆吃饭的。

父亲的理由是，外面饭馆的东西添加剂多，对身体健康不好；他们更加看重的是，到饭馆吃饭，太花钱、太浪费了，动辄要几百元，换成在自己家里做饭，足够一周的买菜钱了。

所以，当年偶尔带父母外出“打牙祭”，尝尝小城地道的特色美食，父亲问起价钱时，我也就只好撒谎搪塞，明明数百元的也只说仅要一百多元……

反过来，当年任何时候、任何地方，只要儿孙说读书需要，父亲从来都二话不说，要多少给多少，即使囊中拮据也要想尽办法筹借。

商会的何老板说，做老师的父亲一生都极致节俭地过日子，跟着孩子进城生活十几年，从不买新衣服穿，衣服上有洞了，还不舍得丢。那些年就算何老板创业成功，生活条件好了，父亲仍然是省得要命。

何老板回忆起父亲当年节省的情景，如数家珍。

何老师生病住院后期，何老板经常在广州的医院陪护、照看，看到父亲每次用纸巾都是只撕半张，若是帮父亲拿一整张纸巾递过去，父亲都要责怪，说是浪费。

其实，每一回听何老板的诉说，最让大家泪奔的，还是在何老师去世后，何老师原来工作的单位（乡下县城的县立中学）闻讯也专门派员前来吊唁。

乡下县立中学代表在告别仪式上发言时，何老板一家老少才知道，原来父亲何老师那些年来，一直悄悄捐款给学校办学、助学，经过逐年逐笔查阅记录进行统计，总数足有27万元。

何老板叹说，父亲每个月才几千元的退休金，平时那么抠门地生活，27万元的捐款，真的算是父亲罄其所有的一笔巨资了。

何老板父亲的故事，无疑让人看见了，也让孩子认知了，那一辈人吝啬的样子与慷慨的里子。

父亲那一辈人的节俭精神，实际上也时时刻刻、潜移默化地影响着我们这一辈。比方说，旧衣服、旧鞋帽，只要还没有裂缝、没有破洞，我常常也是舍不得丢弃的。

何老板父亲的故事，无疑也让人想起，父亲那一辈的乡下人，那一辈客家人，为人父亲之吝啬与慷慨的种种传奇。

被誉为“中国百校之父”的客家人田家炳先生，既是独一无二、乐善好施的“巨人”，也是父亲那一辈人吝啬与慷慨的典范。

田老捐资，以“田家炳”命名的学校或学院遍及我国所有省级行政区，用于中国的教育、医疗等公益事业的捐资有10多亿元，晚年甚至有卖屋助学的壮举，而自己的生活却甘于简朴淡泊。

《南方日报》曾报道：“不是捐钱最多，但是把自己总资产的80%都用于慈善事业的，在中国只有一个人，他就是田家炳。”

20世纪90年代初在乡下工作期间，我曾有幸多次面对面接待、采访过田家炳老先生，对田老生活之节俭、简朴，亦算略知一二。

2018年，田老高寿99岁仙逝后，我亦曾拜读了多篇追忆田老的悼文，更加真切地了解到田老慷慨捐资背后，对自己是真的“抠”！

田老先生坚持乘坐地铁上班，每月开销竟然不到3000元，出门要自带肥皂，不轻易用一张纸，为捐资办学，80多岁贱卖别墅去租房住……

从1982年开始，田老先生就把财产的80%捐献给了田家炳基金会，而只把个人财产中的很小部分留给子女去经营，且这不是可以坐收租金的物业，而是需要努力打拼的田氏化工生产企业。他还从严从高要求子女，规定每年至少捐出工厂利润的10%用于公益慈善……

说起父辈人的吝啬与慷慨，不由想起林则徐写给子女的一副家训对联：“子孙若如我，留钱做什么？子孙不如我，留钱做什么？”

林则徐这一家训，何时读来都是何其精辟、透彻、超脱。

其实，曾为人子也好，今为人父也罢，只要稍稍默读林则徐家训一两遍，当年父亲那一辈人吝啬的样子与慷慨的里子，已一目了然，让我不禁自问：留钱做什么？

短跑与马拉松

题记：人生并非短跑，更像一场马拉松。

《南方周末》2023年9月21日专题报道《核查真假“灵活就业”》称，据首都经贸大学教授冯喜良2021年的调研，大概有14%的毕业生选择灵活就业，其中70%左右是主动的，还有30%左右是因找不到合适工作，或在过渡期“被动”灵活就业。

报道还详细披露了时下大学毕业生，为证明自己“灵活就业”而使出的五花八门的招数。

我身边也有两个大学本科毕业生——

一个毕业后天天窝在自家房间暨工作室里，数年来每天上网接单发货，听说月入有可观的五位数；

另一个毕业后放弃本校保研，矢志报考985名校研究生，执着数年后才如愿以偿……

显然，仅两个大学毕业生很难具有代表性，而按照时下高校学生毕业去向落实率的考核指标来衡量，至少后一个毕业生，当年算是拖了母校就业率的后腿了。

人生往往并非短跑冲刺的一蹴而就，反而更像一场马拉松，大学生未来竞逐获胜的关键，在于能力专长，在于毅力耐力。

考核指标就是指挥棒，为就业率而就业的数据究竟有多大实际意义，职场中人其实都懂得。

反观报道中提到，大学毕业生“苦恼的是，他还不知道自己真正想做的是什么？”“毕业生对未来就业还没有做好能力上的充足准备”……

诸如攻读专业与职业规划之类的选择困惑，应是高等教育亟待补上的一课。

循此视角，窃以为，开头提到的那两个大学毕业生，无疑已是人生马拉松的合格运动员。

因为，他们一直不放弃，一直不懈怠。

孩子忽然申请特困生补助，家长怎么办？

题记：赞赏孩子，感恩孩子。

2024年新学期的第一个周末，有家长气鼓鼓地向我诉说孩子的恼人事。

家长说，班主任老师来电告知，正在读八年级的孩子竟然向班主任提交了困难学生生活补助申请，班主任老师为此通知家长提供相关证明材料。

家长恼怒地说，先不说该补助标准每学期仅300多元，关键问题是申请条款明文规定，申请学生需要家长提供低保证、低收入证、五保户供养证、孤儿证、残疾证等佐证材料的原件与复印件，才能上报提交申请。

我知道这个家长是小微企业主，也就理解其哭笑不得的原因，上述佐证材料他们家可是一个也拿不出来。

当时我反问这个家长，可曾想过，学校困难学生生活补助申请年年有，为何孩子今年会忽然提出申请？

家长想了想，似有顿悟说：“会不会是过年期间，大人们在家里说起企业经营每况愈下，春节过后不得不卖掉乡下的新房子，用来填补企业连年亏损的窟窿……

听了如是解读，我立即恭喜这位家长：“你家孩子懂得去申请困难学生生活补助，这是难得的孝心，家长对此应该感到高兴与自豪才对！”

因为，孩子知道家长经营企业遇到了困难，暗暗想办法帮助家长分忧渡难关，去申请困难学生生活补助，虽说家里条件不符合，但想法与做法仍是值得肯定的。

家长追问：“这个事要怎样与孩子沟通才好？”

实际上，简单点也就两句话：

一是要赞赏孩子，感恩孩子。

孩子懂得去申请困难学生生活补助，说明孩子长大了，懂得想办法孝顺父母了，懂得关心父母的困难了。

家长要感谢孩子，还要明白地告诉孩子，这样做是好的，只是自家的生活条件不符合申请标准。

二是要给孩子提个醒，学会事前沟通。

建议以后类似向学校提交申请的事，最好事前跟父母说说，这样方便家长进行判断，提前做好准备，不至于接到老师通知时措手不及。

显而易见的是，平日家长在谈论涉及家庭经济状况，尤其是负面话题时，应有所顾忌，尽可能地避免孩子在场旁听，避免无端增加孩子的心理压力，影响孩子健康快乐成长所需的安全感。

中小学生心理测评异常，不必急于看心理医生

题记：正在成长路上的孩子，就怕被“戴帽子”。

周日，家长Y突然造访，说学校班主任要求家长立马带着孩子去看心理医生，问我的意见。

沟通后，我了解到事情原委——周五，家长Y被班主任老师紧急电召到学校并告知，新学期学校统一组织学生进行心理健康测评，结果显示Y的孩子有抑郁症，要求家长尽快带孩子去看心理医生。班主任老师还说：“你家儿子挺抑郁的啊，来校读书一个多学期了，竟然连班里女同学的名字都说不全……”

听了班主任老师的讲述，虽说对自家的孩子也算知根知底，但家长Y仍不无忧虑，回家后踌躇不定，纠结是否要赶紧带孩子上医院找心理医生看看。

我认识Y的孩子几年了，对那孩子的印象是：自立、自律，好学上进，个性鲜明，逻辑思维能力很强。最为难得的是，那孩子还很细心、有孝心，从小就懂得替家长分忧，知道近两年家里经营的小企业每况愈下，自己就悄悄地大幅缩减在校一日三餐的伙食费，学校饭卡消费记录显示，那孩子竟然是每月全

年级数百学生伙食费开销最少的那一个。

即便班主任老师向家长知会了情况，Y也在沟通中给孩子吃了家庭经济方面的定心丸，但那孩子至今仍是出名的节俭，每顿饭还是舍不得多花一块钱。

略加思考后，我先是反问家长Y：“你觉得QQ（Y的好友）的孩子FF有没有抑郁症？”

FF与Y的孩子同龄，小学时也是好玩伴。Y秒答：“FF？他怎么可能有抑郁症？”

Y又想了想，略带疑惑地问：“会不会是FF个性太过刚强？听说这两年FF从不参加学校组织的周末补课，平日遇人遇事，总是惹不起就躲起来，因此容易让人产生误会？”

我听后告诉Y，上学期班主任老师也曾通知QQ，FF的心理健康测评结果显示有抑郁症倾向，也要家长抽空带孩子去医院看看心理医生。为此，QQ特地与孩子认真聊过。孩子答说，学校的心理健康测评，他们都是随意作答的。FF还调侃，去年测评时，他全部都选了A，老师说那样不行，今年他就全都填了C。

我仍记得QQ讲述时那一脸哭笑不得的表情。想想也是，扁担亦曾是竹笋，古往今来，淘气、调皮捣蛋才是孩子的天性。

家长Y仍茫然地问：“接下来要怎么办才好？”

我先是赞扬Y平常良好的亲子沟通习惯。比方说，Y懂得尊重孩子、赞赏孩子，懂得再苦再难也要把孩子带在身边，懂得遇到多么不堪的事都会坚持站在孩子身边……有心理学学者说过，这种养儿育女的方式，只要坚持下去，往往可以培养出一个内心富足的孩子。孩子内心富足强大了，未来何惧之有？

至于要不要带孩子上医院找心理医生的问题，心理咨询服务行业有一句话：“谁痛苦，谁求助，谁改变。”

可以肯定的是，当下Y的孩子情绪平稳，吃得好睡得香，读书勤奋，行为心理健康并无大碍，只是个性独特，有些与众不同而已。

说到这里，有必要解释一下，为何不建议家长动辄带尚在读中小学的孩子上医院看心理医生？

一切的一切，并非讳疾忌医，而是缘于东西方文化的差异。遗憾的是，历史上东方似乎缺乏一种包容文化，某些孩子一旦被戴上心理有问题的“帽子”，可能一辈子都会遭到身边人（甚至包括家长）异样的眼光。

一位华裔心理学学者特别提到过，在美国，无论男女老少，看心理医生是一件寻常事。但在美国，带未成年孩子上医院看心理医生，必须慎之又慎。

这位心理学学者曾应邀回国给中小学生做心理咨询（确诊患上心理疾病的除外），他特意将地点选在酒楼、茶馆等公共场所包厢之类的密闭空间，并在谈天说地的过程中，悄然进行心理测评与辅导。

心理学学者解释说，正在成长路上的孩子，就怕被“戴帽子”。其实，孩子们更多的是想“做自己”，想要身边人的理解而已。

或是因此，教育部等十七部门印发的《全面加强和改进新时代学生心理健康工作专项行动计划（2023—2025年）》（下简称专项行动计划）中提到，要规范心理健康监测，“每学年面向小学高年级、初中、高中、中等职业学校等学生至少开展一次心理健康测评”，还要“建立健全测评数据安全保护机制，防止信息泄露”。

当前的中小学生心理健康测评，已有一整套科学的理论依据与测评方法，这是毋庸置疑的。

反观上述两个孩子的事例，尽管未知是个案还是普遍现象，但动辄着急给学生“戴帽子”，让家长带孩子上医院看心理医生的思维方式，可能失之偏颇，也有违专项行动计划的初衷。

显而易见，一个学生是否患有心理疾病，不仅需要一纸测评，还需要学校与家庭的全面沟通，以及学校与社会各方的协同联动，综合评估才能得到准确评价。

按照专项行动计划的要求，对于心理健康测评结果异常的中小学生，学校的当务之急在于：

一方面，在建立“一生一策”心理健康档案的同时，要安排学校心理健康教育老师一对一进行访谈，甄别测评异常的孩子究竟是想“做自己”的叛逆表现，还是存在心理疾病；

另一方面，要着力抓好中小学校心理辅导室建设，只要没有触碰法律红线的，应无条件接纳、包容每一个走进心理辅导室的学生，让每一个学生都清晰地知道，心理辅导室是一个可以给他们的情绪遮风挡雨，保持健康向上好心情的庇护所。

毕竟，莫说孩子，就是大人都会有问题、有情绪，这并不可怕，真正可怕的是求助无门。

论文答辩被考官现场否决，大学生如何应对？

题记：有胆少识，尚有50%机会；
　　　有识无胆，机会接近于零。

肯定是一把年纪的缘由，近年来老同学相见、老同事相聚，只要闲聊上三五句，话题自然而然就会扯到孩子的毕业、就业或谈婚论嫁等事情上。

这不，周末偶遇老同学S，听闻其孩子名校研究生毕业了，还顺利回到小城就业。时下作为独生子女家庭，老同学S这样的家长，让人何其羡慕，也让人何其妒忌。因此，我见面就张口夸赞起S家的孩子。

“托福托福，孩子算是顺利毕业了。”老同学S一如既往地缓缓道来，“听孩子说，每年毕业论文答辩时，他们学院都有那么几篇论文被否决，孩子也差点就成为其中之一，当时听了差点被吓死。”

我听了好奇地追问详情。

老同学S转述孩子的话说，论文答辩现场，主持答辩的教授先是问了几个问题，随即告知，毕业论文不通过。

孩子听了一惊，立即习惯性地发问："请问教授，我的毕业论文为什么不能通过？原因是什么？问题在哪里？"

教授说："我们认为你的论文调研数据的内容作假。"

孩子听了继续追问："为什么这么说？作假具体体现在哪些地方？"

教授质问："我们平常即使有几十万元经费的一个课题，也根本做不到像你这样广泛、这样翔实的个案调查访谈，覆盖面既有市、镇、村干部，又有来自多个行业的民众。这些内容，不是作假，又是从何而来？"

孩子得知问题所在后瞬间信心倍增，逐字逐句地解释道："因为我父母是镇政府的工作人员，我在父母单位实习的三个月期间，恰逢他们进入推进基层'网格化'长效治理攻坚阶段，我跟随镇政府工作人员进厂、下村、入户进行调查访谈。论文里的所有个案，我都有工作日志详细记录在案，诸位教授如有疑问，稍后我可以拿来给大家逐一查阅核实……"

老同学S叙说到此，有意无意却又停顿下来，让人不得不急迫地催问："结果是剧情反转，通过了？"

"是的，最终结果还是来了个180度大转弯啊！"

那一刻，老同学S笑逐颜开地说，后来主持答辩的教授提议给孩子的毕业论文评"优秀"，还特地找学生帮忙买来了一束鲜花，现场亲手送给孩子以示祝贺。

老同学S感叹，往常知道孩子喜欢争辩，自己总是告诫孩子，凡事不能与老师顶撞，更不许与老师争执。想不到这一次孩子可以这么犟，也幸好这么犟，否则可能就要延迟毕业了。

与老同学S挥手道别，在徒步回家路上，脑海里总在回放老同学S孩子有惊无险的论文答辩经历。

我想，除却初生牛犊的精神，老同学S孩子尤其难能可贵的，应是那一分胆识。

曾听美国的行为心理学学者在解读个案时说，胆识是孩子成长、人生成功的必备心理素养。

关于胆识，曾入选中央统战部、全国工商联发布的《改革开放40年百名杰出民营企业家名单》的重庆力帆集团董事长尹明善说得更直白。他在谈论企业选人、用人、育人、留人观时表示："有胆少识，尚有50%机会；有识无胆，机会接近于零。"

反观老同学S孩子这次论文答辩先被否定后被评优的经历，孩子可以说是处变不惊，是为胆识也。

正因为有胆有识，老同学S孩子在现场才有一股闯劲，敢于当场质疑，敢于即刻发问，敢于据理力争，最后为自己争得了机会，争得了成功。

此亦再次印证了一句励志名言：成功从不会偶然降临，它总是留给那些有准备、敢于迎接挑战的人。

这里所说的有准备、敢于迎接挑战的人，正是有胆有识之人，无疑"有胆"还是要居第一位的。

孩子的习惯，大多是家长养成的？

题记：世上有很多孩子的人生，是依照父母写好的剧本在上演。

周末到小区乒乓球室挥拍流汗，隔壁球台正在打球的是一对婆孙，小孩子个子比乒乓球台高出半截脑袋。

忽然间，“砰”的一声，只见那小孩子将乒乓球拍用力摔到老婆婆这边的球台上，扭头就跑开了。

我没有看错的话，仅是因为老婆婆打过去的球位置偏向了左边，不像之前几个球那样偏向右侧，让孙子一时没能很好地接到，随即就有了上述一幕。

头发花白、身材瘦小的老婆婆，见状既惊慌又紧张，当即放下球拍，快步追赶上去，紧拉住小孙子的手，蹲下身去，轻声细语地哄了好一阵。其间，小孙子却朝老婆婆又吼又叫了好几回，最后才心不甘情不愿地跟着老婆婆返回到球台边……

目睹此情景，读者诸君想到的是什么？

当时笔者首先想到的，是小孩子的习惯，是小孩子的习得性行为习惯。

为何首先会如此联想？缘于身边遇见的人与事。

这些年经常到一个老乡兼老友家品茶闲聊。闲谈中曾听老友说过，同一幢住宅楼的一户邻居，经常由于一点琐事，动不动就在小区邻里微信群里喊打喊杀，左邻右里都不胜其烦，却又无可奈何。因为，进进出出，大家都可看见这个邻居黝黑的双臂上，布满了不知名的动物图案文身。笔者前去老友家品茶，在电梯间亦曾遇到过几回，说实话，在我们的传统文化认知里，这个邻居的模样，第一次碰见，确实让人感到有点后怕。

再后来，上下电梯时，也曾遇见过这个邻居母子俩或父女俩的温馨场景。

老友说，这个邻居离异多年，至今仍与老母亲和孩子三人一起过日子。通过他上有老下有小的状态，大家猜想这个邻居年纪在四十岁左右。老友惊讶的是，听熟悉这个邻居家庭情况的街坊说，这个邻居成年后从未有过正规的工作，现在每月仍是向早已退休的老父亲伸手要钱过日子。老父亲也是“唯命是从”，每月给儿子数千元不等，听说从没间断过。

有一天喝茶时，老友还神秘地告诉我，前几日邂逅老同事，他才得知这个邻居的老父亲，原来是自己熟知的某某。

老友叹说，想当年，某某也算是叱咤一方的小镇诸侯。屈指算来，与某某认识和打交道的时间已十年有多，老友所认识的某某，温文尔雅，老成持重，过往所见所闻的大事小事，只要是某某经手的，均妥妥当当。

老友是无论如何也无法将这对父子二人联想到一起的。

其实，开头提到的打乒乓球的婆孙也好，老友这对邻居父子也罢，依照美国教育学家珍尼所说："宝宝降临时就像一张纯净的白纸，对这个世界的认知能力要经过学习才可以获得。"真要追根溯源的话，他们后天或蛮横或懒惰的习得性行为习惯，要么源自家长的溺爱娇惯，要么源自家长的百依百顺……

都说人生的剧本要靠自己写，但通过读书知晓弗洛伊德的冰山理论后，笔者渐渐懂得，原来世上有很多孩子的人生，是依照父母帮他们写好的剧本（思维习惯与行为习惯）在上演。

有果必有因，"因"在哪里？"因"就在孩子的成长环境里，"因"就在孩子童年时代的人际关系模式里。而孩子童年的心灵烙印，对长大成年后最为常见的影响，就是无意识的个性化行为习惯，俗称"秉性"也。

大张旗鼓举办过"家教与家风"展览的中山小榄麦氏家族认为，人的根在家庭，三观的塑造亦源于家庭，家庭教育对人一生的行为规范起着决定性作用。尽管新时代的家庭模式与传统相去甚远，但我们今天所推崇坚守的家风，是不会因时间流逝而失去现实价值的精神瑰宝。

美国心理学学者在讲授亲子关系专题课时剖析、强调，家长想要孩子未来长成什么模样，当下首先要琢磨、要规范的，并非孩子要怎么样，而是自己应该怎样做。

比方说，想要上述提到的小孙子长大后懂得尊老敬老，当下家长就不能惯纵其任性；想要孩子长大后不啃老、能自立，家长就要多放手，不能百依百顺；想要孩子长大后懂得尊重他人，家长就不能总是命令、强迫孩子；想要孩子长大后不会动不动就发脾气，家长就要多关注、多鼓励、多表扬；想要孩子长大后自信、有主见，家长就不能拔苗助长，总是当众训斥批评……

一句话，孩子的习惯，其实大多是家长在后天生活中养成的。想要孩子未来长成什么样子，家长就应该从自己做起、从小事做起、从现在做起……

再自私点说，当下老龄化社会，可能最终决定老年人生活质量的首要因素，不是富也非贵，而是孩子成才成器与否。

因为，孩子是否成才、能否成器，分分秒秒直接影响家长的情绪；而90%的疾病都和情绪有关，情绪就是影响老年人身心健康的第一因素，也是决定老年人生活质量的首要因素。

孩子不恋爱不结婚，家庭教育是否也要反思一二？

最近我拜访了一位中学退休老师。

这位老师年过九旬，腰板挺直，耳清目明，声音洪亮，谈吐风趣。老人说，自己非常感恩，很满意当下的老年生活，唯一美中不足的，就是到现在仍没有机会做太公，“完败”给了村里健在的同龄老人。

老人所言之人生遗憾，是他有三个孙子孙女，最大的已年近不惑，最小的也三十有三，但三个孙子孙女到现在还是快活的“独行侠”，都没有恋爱、没有结婚。老人感到怀疑：作为方圆十里山村的读书世家，孙子孙女是不是书读得太多了？三个孙子孙女，一个博士，两个硕士。

其实环顾左右，类似的烦恼与遗憾，时下可能还真不是个案，生活中也愁坏了好多望眼欲穿的白发苍苍为人父母者。

告别老师，当晚我忽地想起了前些日子，曾在中山聆听广州一对退休老师夫妻谈及孩子恋爱结婚的点滴趣事。两相对比，忽觉非常值得琢磨，也需要思量。

这对夫妻退休过后从未闲着，离开喧嚣都市来到小城中山租房养老，边休闲静养边辅导老少学生。他俩一个教美术，一个教音乐，我与他们因偶然机会结识。

闲暇喝茶聊天，我们谈及时下部分90后不恋爱、不结婚、不生孩子的社会现象，这对夫妻认为，孩子的情感世界丰沛与否，与父母的开放包容心态关系密切。

他们说，近十年来，他们一直在关注、引导、帮助独生女儿，学好“青春、恋爱与婚姻”这一必修课。

早在女儿读中学阶段，夫妻俩就会与女儿坦诚分享自己当年情窦初开的朦胧故事，也会与女儿互动，不设防地讨论当年或现在喜欢的异性偶像。当年，夫妻俩就通过叙说自己青春年代的情感故事，告诫女儿：“爱美之心人皆有之，爱人是你的权利，你可以喜欢、爱上任何一个异性，但对方是否喜欢你、爱你，却是人家的事。如果对方不喜欢你、不爱你，你就要学会接受、学会放下……”

他们曾经了解到女儿暗暗喜欢的中学男同学，读书成绩非常优秀，是学校高考的北大清华种子考生。夫妻俩多次鼓励女儿：“你喜欢他就要向他靠近，就要好好努力一把，即使考不上北大清华，起码也要考到北大清华附近的大学，这样方便你们可以随时约会见面聊天啊。”

女儿考上大学，即将远离父母上学前，夫妻俩又特地与女儿聊天，他们鼓励女儿，未来四年在完成学业课的同时，应不忘修好青春恋爱必修课。做母亲的喜滋滋地说道，当年自己还给女儿出谋划策，认认真真告诉女儿，恋爱是双向奔赴的，女孩子并不是不能主动，只要是自己喜欢的，就要主动去争取，没有什么“追不追、亏不亏”的问题。若是喜欢儒雅上进的男生，就要多去图书馆找；若是喜欢阳光开朗的男生，则要多去球场上寻……

后来，女儿大学读书期间与北方的一个男生谈恋爱，偶尔也会向父母吐槽男生的各种不是。比方说，男生来到她们宿舍，不懂得主动与舍友打招呼；男生陪她到饭馆吃饭，总要盯着菜单的右边看。每次倾听，做母亲的都会安慰女儿：“凡事要向前看，比方说，前者说明男生感情专一，以后不易变心；后者说明男生精打细算，往后会过日子。”

但到了大学最后一个学期，女儿感到双方还是有些思维习惯让彼此难以接受，就告知父母他们打算分手。做母亲的听了当即表态，父母任何时候都尊重女儿的意愿，但觉得他们相恋已有一段时间，又即将毕业了，要分手也不在乎最后这几个月时间，建议女儿开诚布公地与男生沟通一下，双方再坚持三个月时间，然后再来做分手与否的决定。

再后来，女儿与男生又经过两个月时间的坚持，双方竟然更加默契、更加难舍了。做母亲的得知以后，随即未雨绸缪，又与女儿沟通他们的未来走向问题。她首先询问女儿大学毕业后是想跟随男生闯南走北，还是一定要回广州或深圳就业。得知女儿不想远离家乡，做母亲的又追问女儿，有没有与男生认真沟通过，对方是否愿意来南方就业定居？当女儿与男生坦诚沟通，了解到男生家里还有一个妹妹，男生及其父母也同意南下就业的提议时，这对夫妻表示全力鼓励支持女儿与男生一起，毕业后南下应聘就业。

目前，女儿与男生都在深圳工作，还生育了两个孩子。我看过他们的几张照片，年轻两口子的小康生活也美滋滋的……

这对退休老师夫妻感慨的是，一方面家有女儿，不能守株待兔，青春恋爱不能等；另一方面，做父母要教育、引导孩子从小正确认识，青春时期谈恋爱是人类追求幸福的本能，是一件非常值得付出的大好事、大美事，这样，孩子长大才会不排斥、不抗拒恋爱。

这让我想起多年前在某个公共厕所门背上看到的一行字："我们缺乏三种教育：性、爱、死亡教育。它们分别对应的是——身体完整、灵魂丰沛、生命价值。"

毋庸置疑，即便到了智能化网络时代的今天，青少年对性、对爱的好奇仍是坊间的一个忌讳话题，即使是社会正规教育，往往也要躲躲闪闪、遮遮掩掩，总给人犹抱琵琶半遮面的感觉，甚至还有各式的"十不准""百不许"，常常会让孩子丧失对美的爱好，缺失对美的追求。

但扁担亦曾是竹笋，正如歌德所言："哪个少年不多情，哪个少女不怀春。"当下不少年轻人不恋爱、不结婚、不生孩子，失去动物本能的幸福与繁衍后代的愉悦，作为孩子的第一任老师，孩子认识婚姻的第一扇窗户，做父母的是否也要反思一二，我们的家庭教育是否也应未雨绸缪，也有亟须改进用功的地方？

后　记

做家长不用考证但要学习

人生一辈子，往往都是从哪里来，最后还是回到哪里去。

这两年，就有两个好兄弟相见时，曾经直言问我：“看看你现在这个样子，岂不又是一下子回到了原点？”

其实我自己也非常清楚，好兄弟所说的又回到了原点，是指我当年的职场生涯从写作开始寻求突破口，今天与明天，可能人生最后一站又停驻在写作上。好兄弟关心所言，实际上即世人常见的眼光，但凡职场生涯靠写作开始的，写是为了将来不写，只有到了哪一天可以丢下手中的那支笔了，才算得上是功成名就、事业有成。

退休这几年，总想在有生之年多点经历、多点见识，自己尝试涉足的行业屈指算来也不少了，东也干干西也试试，今蓦然回首，东奔西跑做的事五花八门，真要说这些年的努力与收获，唯有一件事是始终坚持不懈的，那就是读书与写作。唯一不同的是，以前职场生涯多是命题作文，而今退休后多是自由写作。

虽说是自由读书、自由写作，不经意间自己还是选择了修读行为心理学，以探讨亲子关系这一叶扁舟来遨游书海。

为何会偏偏选择行为心理学探讨亲子关系这一主题呢？

还要从20年前的一段短暂义工经历说起。我当年参与中山市的心理热线电话义工服务，定时在夜晚接听全市开通的首条心理热线电话。当时来电倾诉咨询的有很多在校学生，他们倾吐的抑郁与焦虑，大多指向同一个焦点，那就是亲子关系。自己亦是家长，在倾听心理热线的来电故事时，常常会扪心自问，假如这是自己的孩子，自己会怎么办？此乃内心播下修读行为心理学的第一颗种子。

到后来，遇见美籍华裔心理学学者Tracy，耳闻目睹Tracy轻声细语地成功治愈当年才8岁的焦虑症男童。当时最让自己惊讶又震撼的是，表面看上去是8岁男童的焦虑现象，实质上病根却是男童家长想要拔苗助长的内卷问题。那一刻，亦曾问过自己，假如这是自己的孩子，自己会怎么办？此乃内心播下修读行为心理学的第二颗种子。

再后来，接连遇到名校大学生，有的接到录取通知书当天就轻生离世，有的就读后连续几年挂科，最后被学校劝退……如是让人扼腕叹惜的故事，究其原因家长也是难辞其咎的，个中不乏家长要光宗耀祖，因而强逼孩子委曲求全，填报孩子毫无兴趣的高校志愿。那一刻，我也曾问过自己，假如这是自己的孩子，自己会怎么办？此乃内心播下修读行为心理学的第三颗种子。

正是有了这三颗种子的积攒播种，退休以后，我有闲时有闲情，可以让自己静下心来，边寻访良师讨教读点心理学书籍，边留心观察身边人身边事，慢慢开始了一段读书写作亦修行的人生新征程，连续数年留心观察、用心思考，坚持记述撰写了一些关于养儿育女的亲子生活小故事，逐一刊发在自己创办的“听松2018”公众号上，大部分作品还散见于《南方周末》、《家庭》杂志和《中山日报》《梅州日报》《阳江日报》等报刊。

退休后就这样坚持阅读坚持写作，静夜习惯翻看这些年自己记述的养儿育女亲子生活小故事，每一回我都可感悟到，原来，每一本书都是一座家园，每一回写作亦是一次修行。

比方说，我读书得知心理学家阿德勒近百年前就有精辟论断：“幸运的人一生都被童年治愈，不幸的人一生都在治愈童年。”因此，我目睹身边人身边事后，撰写了《“爱”也可成为侵害》《两份合约，两样童年》《中小学生心理测评异常，不必急于看心理医生》等读书心得，坚持呼吁家长正视类似“为孩子好”的爱而给孩子造成的心理健康侵害的现象。因为，小时候，不把孩子当人，长大了，孩子们也很难成人。

又比方说，阅读美国心理学家安东尼·比格兰的论著《温暖的孩子》，我知晓强迫型环境与孩子性格、人格缺陷之间的关系，清晰对孩子身心产生坏影响的三种因素中，排在首位的是过多的强制式教育。因此，在写作《学做父亲》《童言无忌最是真》《不说话也美好》《最爱是包容》《爱是相信，并非控制》《孩子最好的心理医生是谁？》等系列小文时，我借助自身的或身边的亲子关系小故事，坚持呼吁家长们要给予小孩子自由，给予小孩子温暖的爱，还要学会尊重小孩子，常常去倾听，有时去帮助，总是去鼓励。因为，孩子就是未来，当下温暖的孩子长大了，未来的社会才不会有冬天。

当下结集出版这本小册子，目的也缘于，做家长不用考证，但必定要学习。阁下只要是做家长的，相信这本书中必定会有一个故事适合你参考。

近几年，陆续有家长留言反馈在阅读这些小故事时，偶有启发和收获。最为常见的是，一旦碰到读大学中学的孩子辍学，家长总焦虑孩子要如何加紧复学是好。推荐阅读《可怜当下读书郎（之二）》一文后，有家长渐渐悟到，原来，此时此刻最为重要的是安抚、平复孩子的情绪，并非想方设法急于将孩子赶回学校去。仅此意义而言，写作亦是一种修行。因为，文字，不仅可以记录生活、表达感情，还能够帮人帮己，给自己以平静，给他人以温柔。余生写作亦修行，祈愿吾将努力如17世纪法国数学家帕斯卡尔所言：给时光以生命，而不是给生命以时光。

这本小册子的编辑出版，非常荣幸得到了南方日报社前社长、暨南大学新闻与传播学院前院长范以锦先生的关心与厚爱，他亲自拨冗作序，鼓励晚生鞭策努力。这本小册子的写作和出版过程中，荣幸得到南方日报社总编辑黄灿先生和南方日报出版社社长周山丹女士的鼎力支持，也一直得到南方周末编辑温翠玲女士、南方日报出版社副总编辑刘志一先生、中山日报社徐小江先生、梅州日报社黄山松先生、阳江日报社吴建江先生等前辈、友人的悉心指导与大力帮助。在此，谨对他们表示衷心的感谢。

蓝松涛

2024年10月23日于广东中山